STEPHAN HOLPFER OSB

**GOTT ZUR EHR
DEM NÄCHSTEN ZUR WEHR**

PREDIGTEN UND TEXTE AUS 20 JAHREN
ALS PFARRER LANDES-FEUERWEHRKURAT

Stephan Holpfer OSB

Gott zur Ehr
dem Nächsten zur Wehr

*Predigten und Texte aus 20 Jahren
als Pfarrer Landes-Feuerwehrkurat*

Alle Rechte vorbehalten
© Kral GmbH, Kral Verlag (Inh. Robert Ivancich)
J. F. Kennedyplatz 2, 2560 Berndorf
E-mail: office@kral-verlag.at, www.kral-verlag.at

Umschlag und Buchgestaltung: Tina Gerstenmayer,
D&K Publishing Service, Wien | www.dkwp.at
Schrift: Palatino Linotype

Erschienen in Berndorf im Frühjahr 2023
ISBN 978-3-99103-171-0
Erste Auflage / Gedruckt in der EU

Inhaltsverzeichnis

FLORIANIMESSEN	8
FLORIANIWALLFAHRTEN	32
LANDES-FLORIANITAGE	62
FEUERWEHRJUGEND JUGEND-LEISTUNGSBEWERBE	78
LANDESFEUERWEHR LEISTUNGSBEWERBE	88
KOLUMNEN AUS DER ZEITSCHRIFT BRAND AUS	108
TEXTE ZU BESONDEREN ANLÄSSEN	156

Ein Wort zuvor

2023 ist für mich ein besonderes Feuerwehrjahr! Seit 50 Jahren bin ich Mitglied der Freiwilligen Feuerwehr und vor 20 Jahren wurde mir die Ehre zuteil, die Funktion des Landes-Feuerwehrkuraten von NÖ wahrzunehmen. Neben meiner Tätigkeit als Gemeindepfarrer bedeutet das seelsorgliche Wirken in der Feuerwehr für mich eine große Erfüllung und ich schätze dabei auch sehr das kameradschaftliche Miteinander.

In einer Feuerwehr-Freundesrunde ist die Idee entstanden, die diversen Predigten, die ich als Landesfeuerwehrkurat bei Feuerwehranlässen gehalten und deren Texte ich aufbewahrt habe, zu veröffentlichen. Das Ergebnis halten Sie nun in den Händen.

Die in den Predigten niedergeschriebenen Gedankensplitter mögen zur Anregung und zum Weiterdenken inspirieren.

Mit einem aufrichtigen GUT WEHR wünsche ich viel Freude beim Schmökern in diesem Buch.

Mag. P. Stephan Holpfer OSB
z Zt. Landesfeuerwehrkurat von NÖ

unten: mein erstes Foto als Mitglied der Jugendfeuerwehr

FLORIANIMESSEN

Florianimesse 2002

DER SCHUTZHELM

Heuer habe ich diese Statue des hl. Florian geschenkt bekommen, viele kennen die Darstellungen des Schutzpatrons der Feuerwehr.

Haben sie aber schon einmal genau auf die Attribute geachtet die, die Figur aufzeigt?

Da gibt es zunächst den Helm, ein Schutzhelm, der bei Einsätzen eine gewisse Sicherheit gibt. Wer gibt heutzutage schon eine Sicherheitserklärung ab – wohl niemand – EINER aber steht für uns ein, ob Feuerwehrmann oder nicht, ER ist für alle um Schutz bemüht.

Weiters sehen wir, dass der hl. Florian mit einer Soldatenrüstung gekleidet, Wasser auf ein Haus schüttet. Das gefährliche Feuer zum erlöschen bringt.

Wasser, Feuer sind Naturelemente.

Ihr wißt ja wie leicht manch Zunge über das Durstlöschen der Feuerwehrleute spricht. Aber das Wasser des Lebens, das meint schon DURSTIG SEIN nach Gott (da muß ich löschen).

Auch das Feuer ist nicht nur negativ zu sehen, denn wenn jemand begeistert, feurig ist für eine Sache, so muß das nicht nur schlecht angesehen werden. Wenn ich diesen feurigen Eifer in eine Gemeinschaft hinein trage, da bewirke ich Leben.

Einen guten, kameradschaftlichen Geist, der tut, der täte uns allen gut. Ob in Vereinen, in Gemeinschaften, am Beginn unserer Tätigkeiten sind wir begeistert und dann ...

Liebe Schwestern und Brüder, liebe Feuerwehrkameraden!

Am Tag unserer Florianimesse gilt es Dank zu sagen, dass wir immer wieder nach Ausfahrten behütet nach Hause kommen. Wenn der hl. Florian mit seinem Helm, dem Feuer und das Wasser herüber lächelt, so ist das mehr, als eine Holzfigur zum Ausdruck bringen kann.

Bedenken wir das auch?

Florianimesse 2004 (Bad Vöslau 2005)

SOLIDARITÄT

Wir feiern anl. des Abschnittsfeuerwehrtages miteinander Eucharistie, Danksagung.

Heuer ist das Jahr der Freiwilligen ausgerufen, wir Feuerwehrleute sind dadurch einmal mehr Mittelpunkt in der Öffentlichkeit – ob das anhalten wird?

Auch wenn Florian der „Blühende" bedeutet, so wissen wir, dass wir nicht immer strahlen, dass wir nicht immer blühen. Manchmal sind wir versucht alles hinzuschmeissen, weil wir möglicherweise zu wenig geehrt wurden, weil wir nicht richtig befördert wurden und, und ...

So ähnlich dachte auch einmal eine ganz kleine Schraube, die mit vielen anderen Schrauben auf einem riesigen Schiff eine Stahlplatte miteinander verband. Die kleine Schraube fing an, bei der Fahrt mitten im Indischen Ozean, etwas locker zu werden und drohte herauszufallen.

Da sagten die nächsten Schrauben zu ihr. Wenn du herausfällst, dann gehen wir auch. Als die großen eisernen Rippen das hörten, da riefen sie: Um Gottes willen bleibt; denn wenn ihr nicht mehr haltet, dann ist es um uns geschehen!

Und das Gerücht von dem Vorhaben der kleinen Schraube, verbreitete sich überall.

Da beschlossen sämtliche Rippen, Platten und Schrauben eine gemeinsame Botschaft an die kleine Schraube zu senden, sie möge doch bleiben, denn sonst würde das ganze Schiff bersten und keine von ihnen die Heimat erreichen.

Das schmeichelte dem Stolz unserer kleinen Schraube, dass ihr solch ungeheure Bedeutung beigemessen wurde, dass sie sagen ließ: Ich bleibe.

Segnung Landesfeuerwehrkommando NÖ 17. IX. 2006
Schriftstelle: Mt 7, 21-24.29

DER ZIEGELSTEIN

Am Freitag wurde das neue NÖ Kompetenzzentrum für den Brand- und Katastrophenschutz offiziell übergeben. Heute wollen wir im Rahmen der Feldmesse einerseits Dank sagen für das was 2002 mit dem Kauf des Grundstücks begann und andererseits um den Segen bitten für das was Kommen mag.
Das Herz des NÖ Feuerwehrwesens ist auf gutem Felsen, auf gutem Boden gebaut worden. So ein Fels, ein Fundament der Feuerwehr, ja das wird schon so manchen Sturm aushalten müssen. Nicht immer herrscht diese Festtagstimmung wie heute. Im menschlichen Zueinander von uns Feuerwehrmitgliedern gibt es natürlich auch ab und zu einen Wolkenbruch, aber weil es immer um die SACHE FEUERWEHR geht, darum hält unser Feuerwehr-Sein alle Stürme aus.

Mit dem Sinnbild dieses Ziegelsteines darf ich einige Gedanken formulieren: Wenn der Bau unseres Feuerwehrzentrums für lange Zeit gelingen soll, dann muss es die Eigenschaften dieses Ziegelsteines haben. Der Klumpen Ton musste zuerst geformt werden – wie wir auch durch manche „Kneterei" von Schulungen hindurch mußten. Lernjahre bei der Jugendfeuerwehr, div. Kurse bis man dann auch Führungsqualität erworben hat und auch ausüben kann. Dann ging dieser Stein durchs Feuer – wie ihr auch schon durch so manches Feuer gegangen seid – nicht nur bei Einsätzen. Und jetzt, jetzt kann der Stein passend eingefügt werden in den Bau unserer Feuerwehr-Familien, unseres Freundeskreises, in den Bau unserer E H E mit dem FEUERWEHRWESEN.

Gott zur Ehr, dem Nächsten zur Wehr gelobten wir!
Vielen von uns ist wichtig, auch vor Gott DANKE zu sagen. Christus ist der Eck-Stein der alle Steine halten kann, gleich wie wir uns fühlen. Von ihm lasst euch halten, von ihm lasst euch tragen in guten und in nicht so guten Zeiten. Lieber Herr Landesbranddirektor Buchta, so nimm diesen Stein stellvertretend als Andenken mit zur Erinnerung und zum Ansporn dass wir gefordert sind als lebendige Steine immer mehr auch zu einem geistigen Haus in Liebe zum Nächsten zu sein.

Florianimesse 2007

VORBILDER

Wenn wir heute hier in Leobersdorf an die 145-jährige Feuerwehrgeschichte denken, wenn wir auch unseren Abschnittsflorianitag bewusst mit einer heiligen Messe begehen so darf ich die Frage in den Raum stellen:

Sind Vorbilder heute noch gefragt?
Um es gleich vorwegzunehmen: JA – Vorbilder sind immer gefragt! Denken wir nur an Heilige, Menschen, die zugelassen haben, dass Gott durch sie etwas bewirkt. Vielleicht sind sie für den einen Exoten, die nicht in die Welt passen. Man belächelt oder bewundert sie. Für andere sind sie wieder Vorbilder, die in ihrer Vielzahl die ganze Bandbreite von Möglichkeiten des Zeugnis gebens dokumentieren. Für uns von der Feuerwehr ist der Heilige Florian ein Vorbild! Sein Geist, seine positive Ausstrahlung geht weiter. Wie verhält sich heute ein Vorbild (ein Funktionär) um anerkannt zu sein? Ich denke, ein Vorbild ist uneigennützig für den Anderen da!
   Es sollte nicht der Dienstgrad zählen. Auch nicht „nach oben buckeln und nach unten treten". Menschen die Vorbilder sind, wissen es oft gar nicht, dass sie die Funktion eines Vorbildes inne haben. Die Frage allerdings ist, ob Vorbilder nicht manchmal als Vorwand herhalten müssen?

Im Wort VOR-BILD steckt das Wort BILDUNG, AUS-BILDUNG ; und für das Feuerwehrwesen ist fortbilden, sich bilden durch technischen und körperlichen Unterricht vervollkommnen, wichtig. Von Vorbildern lernt man ja, den eigenen Weg zu gehen, meint auch der Schifahrer Benjamin Raich. Ich erinnere mich noch gerne an meine Zeit bei der Jugendfeuerwehr in Traiskirchen , an die damaligen Jugendführer – heute noch ist da eine Verbindung, die man nicht beschreiben kann – die Verbundenheit ist einfach da! Vorbilder haben auch Anziehungskraft für die Jugend. Es ist schön zu sehen, wie sich unsere Jugendfeuerwehr engagiert für den Geist des hl. Florian!
   So wünsche ich uns über diesen Tag hinaus viele schöne Begegnungen mit (unaufdringlichen) Vorbildern.

Florianimesse 2008

WARUM KIRCHE?

Als der jüdische Religionsphilosoph Martin Buber gefragt wurde, warum er an Gott glaube antwortete er:
Wenn es ein Gott wäre, von dem man reden kann, dann würde ich nicht glauben. Weil es aber ein Gott ist, zu dem man reden kann, darum glaube ich an ihn.

Wir Menschen wollen immer reden, auch mit Gott. Darum sind wir heute hier, denn Gott ist einer, zu dem wir sprechen können, ein Du, zu dem wir in Beziehung treten können, das ist eine wichtige Grundlage unseres Glaubens.

Oft brauchen wir einen Anlass, um zu feiern – sei es ein Geburtstag, eine bestandene Prüfung, Hochzeit oder den Namenstag des hl. Florian. Darum feiern wir heute bewusst unsere Florianimesse.

Warum gehen wir zu Floriani in die Kirche?
Die Feuerwehren ehren ihren Schutzpatron Anfang Mai. In vielen Gemeinden ist es üblich, am Florianisonntag den Gottesdienst zu besuchen. Aber der Motivationsgrund ist oft ganz unterschiedlich. Es soll nicht nur Tradition und Folklore sein. Nicht der Gedanke „Weil es immer schon so war" oder „Weil sich so gehört" soll im Vordergrund stehen. Vieles im Feuerwehrdienst ist Pflicht, aber die Florianimesse ist nicht Pflicht – sie ist eine Chance!

Hier habe ich die Gelegenheit einmal durchzuatmen, Vergangenes Revue passieren zu lassen und mich geistig aufzuladen. Denn hinter dem Messbesuch zu Floriani steckt ein tieferer Sinn: Bei der heiligen Messe kann ich danken für die vielen gemeinsamen Ausfahrten, die geglückt sind. Auch für die Bitte um Beistand für die kommenden Einsätze ist Raum. Vor allem aber kann ich Kraft tanken für das, was kommen mag.

Wir Feuerwehrleute geben Hilfe dem Nächsten! Beim Alarmieren wissen wir nicht, zu wem wir gerufen werden. Wer ist mein Nächster? Ein

Unbekannter, eine lieber Mensch – oder der, mit dem ich gestern gestritten habe?

Das Eintreten für den Nächsten, wenn er in Not ist, ist ein zutiefst christlicher Gedanke!

Nicht immer ist Gott in unserem Tun präsent, aber im Moment der Hilfestellung da spüre ich ihn, da ist Gott gegenwärtig. Was geht in uns vor, wenn wir zum hydraulischen Rettungsgerät greifen müssen und mit dem Spreizer verletzte Mitmenschen herausschneiden? Woher bekommen wir übermenschliche Kraft, um an der richtigen Stelle anpacken zu können? Die Kraft, zu helfen und zu retten, die muss ja von irgendwo her kommen. Was ist es wirklich – vielleicht doch Gott!?

Bei unserer Angelobung haben wir alle gelobt, unseren Mitmenschen zu helfen – „Gott zur Ehr – dem Nächsten zur Wehr".

Die Begeisterung für meine Feuerwehr wird Hochs und Tiefs erfahren, aber die innere Zufriedenheit, geholfen zu haben, die kann mir niemand mehr nehmen. Vielmehr kann mich dieses „geholfen haben" beflügeln, um wieder loszufahren, wenn der Pager oder die Sirene erschallt – um für den Nächsten da zu sein.

Sonntag, 3. Mai 2009
4. SONNTAG DER OSTERZEIT B, Jubilate
Weltgebetstag für geistliche Berufe, Florianisonntag

Apg 4, 8-12 / 1 Joh 3, 1-2/ Joh 10, 11-18

DER GUTE HIRT

Liebe Mitglieder der Freiwilligen Feuerwehr, liebe österliche Schwestern und Brüder in Christus, dem Herrn, „wenn sie uns rufen, wir kommen" – heißt es bei den Freiwilligen Feuerwehren. „Hier bin ich, sende mich" – so das Motto des 46. Weltgebetstages für geistliche Berufungen, der alljährlich am 4. Sonntag in der Osterzeit gefeiert wird. Diesmal zusammen mit dem Florianisonntag! Beiden Gedanken ist etwas gemeinsam!

Einen Ruf zu hören und zu befolgen oder ihn zu überhören und darauf nicht zu reagieren – es ist Grundlage im Wesen des Menschen. Denn Hörende sind wir und Hörende sollen wir sein – ein Leben lang! Um nicht das zu überhören, was im Leben einzig wichtig ist.

Sowohl die Mitglieder der Freiwilligen Feuerwehren, die heute ihren Patron, den hl. Florian feiern, haben sich durch ihren Dienst „verpflichtet", haben es in der Gelöbnisformel versprochen: anderen Menschen, wenn sie verschiedensten Gefahren ausgesetzt sind, ausgelöst durch Feuer und andere Katastrophen oder durch Unfälle, sobald die Sirene heult, zu helfen, zu retten, zu löschen, zu bergen und zu schützen! Auch jene, die sich auf einen geistlichen Weg gemacht haben, wissen sich durch ihr Tun einzig den Menschen verantwortlich, um ihnen beizustehen und Sicherheit zu geben: in seelischer Not, in der Suche nach dem Sinn des Lebens, nach Orientierung und Wegweisung, in ihren Fragen nach dem Woher und Wohin des Lebens!

Insofern ist das Bild des Guten Hirten, das Jesus im heutigen Evangelium gebraucht, auch wenn es unserem Lebenskontext fremd geworden ist, passend, um uns das in Erinnerung zu rufen, was wir einander sein sollen!

Einer für alle, alle für einen!

Und jeder von uns „braucht" manchmal einen solchen guten Hirten – sei es in der „Funktion" der Eltern oder der Freunde, einer Gemeinschaft oder eines Vereins, die Kameraden der Freiwilligen Feuerwehren, auch einer himmlischen Feuerwehr. Heilige oder auch der Ordensleute und Priester, immer zeigen sie es uns und führen es uns vor Augen: es gibt kein größeres Geschenk als verstanden zu haben, in rechter Weise füreinander da zu sein!

Zu Hören, wenn ich gebraucht werde! Zu spüren, wenn es ernst geworden ist! Und dazu gehört ebenso, dass man sich führen und leiten lässt, wie ein „Schaf", auch wenn man damit nicht gerne verglichen werden will – weil wir uns ja selbstbestimmt gebärden!

Dafür danken wir heute all jenen, die durch ihren Einsatz, durch ihre Bereitschaft, anderen zu helfen, sich manchmal auch in Gefahr begeben, aber allzeit bereit sind, Gott zu Ehr und dem Nächsten zur Wehr, ihr Leben einzusetzen. Und wir danken heute am Weltgebetstag für geistliche Berufe all jenen, die sich diesem Ruf Gottes, der Stimme des Guten Hirten, nicht widersetzt haben, sondern ihm gefolgt sind und selbstlos ihr Leben im Dienst für Gott und den Menschen hingeben!

Bitten wir um die Fürsprache des hl. Florian und darum, dass wir – so wie er – etwas von der Gestalt des Guten Hirten für die Menschen, die uns anvertraut sind, zu leben verstehen, damit wir zum Ziel gelangen und Menschen in Not nicht aus den Augen verlieren!

Weil gilt: was ihr meinen Schwestern und Brüdern getan habt, das habt ihr mir getan! (vgl. Mt 25, 31-46)

53. NÖ Landeswasserdienstleistungsbewerb 30. 8. 09

WASSERDIENST

Wir feiern heute den Festgottesdienst anlässlich des 53. NÖ LANDES-WASSERDIENSTLEITUNGSBEWERBES in Rabensburg. (Heimat von LBD Josef Buchta).
Gemeinsam mit euren Pfarrer darf ich mit euch Eucharistie feiern.
Der hl. Florian gilt als Helfer der Bedrängten und lebte im 4. Jahrhundert. Die Legende berichtet, dass der der Heilige in der Enns ertränkt worden ist. Ins Wasser wurde er gestoßen.

Die Vereinten Nationen erklärten das Jahr 2003 zum Jahr des Wassers. Gerade bei der Feuerwehr haben wir viel mit dem Naturelement Wasser zu tun.
Nicht überall ist genügend Wasser vorhanden und wenn wir an länger andauernde Hitzeperioden im Sommer denken, so ist auch in unseren Breiten bewusstes Umgehen mit Wasser angesagt.
Noch brauchen wir das Wasser zum Löschen von Bränden und wir haben auch schon erlebt, welche Schäden das Naturelement bei Hochwasser anrichten kann.
Bedrohung und Retten sind eng miteinander verknüpft.

Wasser gibt uns trotz allem HOFFNUNG und MUT!
Wasser ist erfrischend (Wasserkrug herumspritzen) Wasser erweckt den Geist, gibt Frische und Lebenslust.

Was ist das eigentlich – Wasser?
Wie ist das mit dem kalten Sprung ins Wasser, das muß nicht nur angenehm sein, es bringt mich aber auch weiter, es bringt mich voran!
Meistens kann ich etwas erreichen, wenn ich ein Wagnis eingehe; im Berufsleben, bei Privatsachen und natürlich muss ich auch ein Wagnis mit Gott eingehen.
Furcht und Angst ob das jetzt richtig ist, was ich gerade mache – schwingen mit. Wie bei einem Köpfler vom Sprungbrett.

In heißen Tagen entdecken wir das Wasser
Wasser ist Symbol des Unendlichen, Gott ist unendlich!
Wir Menschen lechzen nach Wasser,
Gott, o mein Gott, mich dürstet nach dir sagt ein Psalmwort!

Die Jünger Jesu, einige Apostel waren ja von Beruf Fischer und genossen das kühle Nass des Meeres. Die Weite des Meeres muss begeistert haben. Das Meer trägt uns – Gott trägt uns, auch dann, wenn wir es gar nicht spüren.

Sie kennen sicher die Geschichte bei der sich ein Mensch bei Gott beklagt, dass er ihn gerade in den Situation allein lässt, wo es ihm gar sooo schwer fällt, wo er hadert. Die Spuren am Meeresstrand zeigen nur eine Fußspur. Da meint unser Herr: Ja da, wo du nur eine Spur siehst, da hab ich dich getragen – Gott trägt uns.

Ich wünsche uns allen, dass wir Wasser nicht als Bedrohung erleben müssen, sondern, dass Wasser für uns Hoffnung, Mut und Sehnsucht nach Gott bedeuten, dass wir spüren- er trägt uns, ob im Wasser oder auf der Erde.

Gut Wehr!

EINBLICK IN BLAULICHTORGANISATIONEN

Diese Woche steht unter dem Thema EIN BLICK geben. Wollen wir uns eigentlich in die Karten schauen lassen? Hand aufs Herz – nein, natürlich nicht, ein bisserl vielleicht.

Wir Einsatzkräfte wirken deshalb so effizient, weil unser Gemeinsamsinn ausgeprägt ist. Mit Gleichgesinnten zusammen zu sein, ähnliche Lebensziele zu haben, für unsere Heimatstadt, dort wo wir wohnen, für das Gemeinwohl zu wirken; das schweißt zusammen, besonders bei Einsätzen, bei Einsätzen, wo es um Menschen/Mitmenschen geht. Denkt daran, wie es euch da geht, wie wir fühlen! Da wirken wir auch gut zusammen. Jeder Mensch, jede Organisation mit ihren guten Gaben, Talenten und Eigenschaften.

„Viele Glieder bilden den einen Leib", damit ist Christus gemeint, damit sind auch unsere Gemeinschaften angesprochen, sich für den Nächsten einzusetzen; „Was ihr dem Geringsten meiner Brüder getan habt, das habt ihr mir getan." Ich glaube, dass uns manchmal gar nicht bewusst ist, wie gut unser Helfen tut. Jemandes Hand nehmen, ein kurzes Gespräch, beruhigendes Wort nach einem Unfall ...

Bei uns ALLEN geht es um die Sache, für jemanden etwas Gutes tun; manchmal wird auch gestritten und wir blicken neidisch auf die anderen – eigentlich „deppert", da ruinieren wir so viel und es braucht immer lang, bis sich das Zerstörte wieder kitten lässt.

Wo holen wir uns all die Kraft für unser Schaffen? Wo gehe ich hin, wenn mich etwas bedrückt? Es lässt keinen kalt! Wenn wir heute als sogenannte BLAULICHTORGANISATIONEN, als die Helfer im Dekanat Baden, mit unseren Freuden und Sorgen im Gepäck eine Dankmesse für Gelungenes feiern, dann bitten wir für unsere Familien, für unsere Kameradschaft – für unser Miteinander.

Kameradschaft, wie auch die Beziehung zu Gott, sie gehören gepflegt. Wenn wir dem Nächsten helfen, dann pflegen wir auch die Beziehung zu Gott. Lasst uns das nie aus den Augen verlieren!!

WER GLAUBT, ZITTERT NICHT

Wer glaubt, zittert nicht, so sagte einst der gute Papst Johannes XXIII. Euer Herz sei ohne Angst sagt das Evangelium und was sagen wir?

Jesus setzt sein Vertrauen auf seine Jünger, es ist eine nachösterliche Schriftstelle, die hier zitiert wird, Christus ist nicht mehr unter den Lebenden und da schwindet der Glaube.

Wir Menschen glauben immer Leitfiguren zu brauchen, die uns führen und wenn diese dann nicht entsprechen, was dann?

Es kommt auf die Gesinnung an, die Haltung, das Herz, das hinter all dem steht was wir tun. Schon bei der Jugendfeuerwehr wird mir die gute Gesinnung, die Grundhaltung für den Nächsten, den Menschen um uns in unser Herz gelegt – das war bei mir 1973 nicht anders. Bei der Feuerwehr, im politischen Leben für unsere Heimatstadt oder eben dort wo wir hingestellt wurden.

Es ist auch ein Zueinanderfinden von Institutionen und den Menschen, die hier leben. Übrigens, nichts ist mehr als selbstverständlich anzusehen.

Leben und Eigentum zu schützen und zu erhalten sind nicht nur Gebote der Menschlichkeit, sondern Gottes ausgesprochener Wille.

Dass all das geschieht, heute und morgen und in aller Zukunft, das ist für unsere Gemeinde von fundamentaler Bedeutung. Dieser Geist ‚aus dem heraus all das geschieht, der muss erhalten bleiben, sonst richten wir unsere Gemeinschaften zugrunde.

Mein Wunsch an sie alle, besonders an meine Kameraden von der Feuerwehr:

Geschwisterlichkeit und familiäre Verbundenheit unter dem Motto: Gott zur Ehr, dem Nächsten zur Wehr!

140 Jahre FF Günselsdorf - Florianitag des Abschnites Baden Land 28. 4. 2013
5. Ostersonntag: Apg 9, 26-31 * 1 Joh 3, 18-24 * Joh 15, 1-8

ZUGEHÖRIGKEIT

„Der Apfel fällt nicht weit vom Stamm, Baumstamm" sagt eine alte und bekannte Redensart. In manchem wird erkennbar, woher wir stammen, lässt sich unsere Herkunft nicht leugnen. Viele von unseren Familienmitgliedern vor uns waren schon Mitglied bei der Feuerwehr, in Günselsdorf findet man in der Standesliste gleich 14 Mal den Familiennamen ZÖCHLING. Woran erkennt man den Feuerwehrmann oder die Feuerwehrfrau? Woran aber erkennt man uns als Christen? Was zeichnet uns aus? Und was ist das ausschlaggebende Kriterium des „Dazugehörens"? Ich glaube, dass man Feuerwehr und Christ-Sein nicht trennen kann, in beiden liegt die Liebe zum Nächsten, für den Nächsten da zu sein. Ist uns das bewusst?

Um nicht zu verdorren, ist es lebensnotwendig, mit der Wurzel, mit dem Stamm, verbunden zu bleiben – zu wissen, wem man „gehört" und wen man sich letztlich verdankt. Und durch das Bild in der Metapher von der Rebe kann ich des Christen Zugehörigkeit und meine eigene zu Jesus als dem Weinstock und Gott als dem Winzer – hier in der Weingegend – noch besser begreifen und verstehen. Darum gibt der Glaube, die Verbundenheit mit Gott, das „Rebe sein", so eine Leichtigkeit des Seins. Wir können spüren, welche Früchte reifen, wo uns Altes belastet, das nur noch Kraft entzieht und keine Frucht mehr bringt. Und man muss sich nicht mehr auf sich selbst stellen, muss den Sinn nicht in den Menschen oder Dingen um sich herum suchen, braucht nicht Gott zu spielen! (vgl. Benedikt XVI. „Gott, wie heißt du?" aus: Grundkurs Benedetto)

Denn: „Der Apfel fällt nicht weit vom Stamm!" Wenn wir (deshalb) diese Verbindung zu dem Mann von Nazareth nicht aufrecht erhalten, dann werden wir letztendlich keine Erfüllung und in Freude haben!

An eines anderen Menschen Herz kann man nur legen, was aus dem eigenen Herzen kommt. Die Liebe ist die Richtschnur der Welt. Aber einfach ist das Leben deshalb nicht. Warum gibt es immer wieder auch Streit? Die Liebe auf Erden ist wie der Anfang eines Fadens, mit dem ich die Hoffnung verbinde, vielleicht ein ganzes Knäuel zu entwirren. Vielleicht nur ein einziges der vielen Knäuel, vielleicht auch nur mein eigenes. Wo ein Herz ist, da ist Liebe! Liebe zum Nächsten! Gott zur Ehr, dem Nächsten zur Wehr! Dass wir das vom Abschnittsflorianitag hinaustragen, ist mein Wunsch an diesem Festtag! Gut Wehr!

Abschnittsfeuerwehrtag Ebreichsdorf – 140 J Unterwaltersdorf, 10. SONNTAG C 9.6.2013 (Vatertag)
1 Kön 17, 17-24; Gal 1, 11-19 - Lk 7, 11-17

AUFERWECKUNG DER TOTEN

Wir feiern heute am Vatertag, im 140-jährigen Bestehen der Feuerwehr Unterwaltersdorf euren Abschnittsfeuerwehrtag (Brandrat Schramml). Ihr habt vor der heiligen Messe der Toten und Vermissten gedacht; bei fast allen Feuerwehrveranstaltungen im Land vergisst man nicht auf die, die vor uns AKTIV waren.

Aber wir wollen Leben, und wie betrifft uns dann ein Verlust, besonders von einem guten Kameraden oder von einer Freundin, ein Spind steht auf einmal leer ... Bei einem technischen Einsatz haben wir gemeinsam um ein Leben gerungen und dann die bedrängende Frage nach der „Auferweckung der Toten"! Ob es denn dies überhaupt gibt und möglich ist? Denn unser Glaube verheißt uns doch, dass wir leben werden, auch wenn wir gestorben sind. Eine Frage also, die irgendwo irgendwann einen jeden von uns betrifft, wenn es ans Sterben geht.

Und so berichtet uns heute der Evangelist Lukas von einer Totenerweckung, das ist vielleicht eine Antwort auf unsere oft gestellten Fragen. Denn „Christus", wie Albert Camus sagt, „ist ja gekommen, um zwei Hauptprobleme zu lösen, das Böse und den Tod", das spüren wir.

Im Zentrum dieser Geschichte steht eine seltsame Begegnung. Zwei Züge von Menschen treffen aufeinander: da ist einerseits Jesus mit seinen Freunden, von denen Leben und Freude und Hoffnung ausgeht und andererseits der Trauerzug mit einem toten jungen Mann und der verzweifelten Witwe, die zum zweiten Mal einen geliebten Menschen hergeben muss.

Diese Begegnung ist somit irgendwo eine Beschreibung unseres gesamten Lebens, in dem wir immer wieder die Erfahrung machen, wie dicht das Lebensfördernde und das Lebenszerstörende beieinander liegen. Doch in dieser Geschichte geht es weiter. Denn der Tod hat seine Macht verloren! Aber können wir es glauben und darauf vertrauen, dass es wirklich so ist? Wenn es das Sterben und den Tod, diese gewaltige Macht, weiterhin im Leben gibt? Denn wir sagen ja manchmal auch resignierend und enttäuscht, „mit dem Tod ist alles aus".

Aber diese platte Aussage markiert höchstens die Grenze unseres Wissens. Denn wer kann schon mit Sicherheit behaupten, das Ende der „Materie Mensch" sei zugleich das Ende seines Wesens?

Die uns erzählte Totenerweckung ist ein eindrucksvolles Zeichen für Jesu Macht über den Tod, die Ursache menschlichen Leides. Und so ist dieses Wunder ein Zeichen des Anbruchs der Heilszeit. Ein Zeichen, weil wir, solange wir leben, in Zwiespältigkeiten, Widersprüchlichkeiten und Begrenzungen, leben.

Aber es gibt dennoch die Hoffnung, dass da etwas ist, was höher und tiefer ist, als wir zu begreifen vermögen, nämlich Gott – und der hat den Tod überwunden!

Wie klein würden wir letztlich von Gott denken, wenn nur dass Geltung hat, was wir begreifen und verstehen können?

Die Gewissheit möge uns geschenkt sein durch diese Feier jetzt, in der wir den Tod verkünden und die Auferstehung Jesu preisen, bis ER wiederkommt in Herrlichkeit. Es ist die Hoffnung über den Tod hinaus, darum euer Totengedenken.

Daraus leben wir, denn das ist uns Trost und Kraft in all den Begegnungen mit dem Sterben und dem Tod das zu sehen, was uns leben lässt. Um nicht zu verzweifeln, auch bei schweren Einsätzen nicht. Und um nicht in Trauer und Mutlosigkeit zu versinken, sondern dem Leben zu trauen, weil GOTT es ist, der uns retten wird!

Lassen wir uns von den Worten und Bildern des Evangeliums berühren, um einzutreten für das Leben in Fülle aller – nicht irgendwann und irgendwo, sondern hier und heute.

Abschnittsfeuerwehrtag in Groisbach 2014 - Weisser Sonntag; Joh 20, 19-31;

ZEICHEN

Der heutige Sonntag nennen wir kirchlich den Weissen Sonntag, auch den Sonntag der Barmherzigkeit. In Rom werden heute fast zeitgleich der gute Papst Johannes XXIII. und Papst Johannes Paul II. zu den Ehren der Altäre erhoben und wir, wir feiern den Abschnittsflorianitag.
  Die Florianimesse ist wie das Erntedankfest der Feuerwehr! Darum gehen wir auch in die Kirche ...

Du bist wie der ungläubige Thomas! Diese Redewendung ist uns geläufig, möglicherweise verwenden wir sie sogar selbst, auch bei Einsätzen und Übungen. Ungläubig wie der Thomas, auch das ist uns sympathisch, es kann uns ja auch als Ausrede dienen, selbst ein Jünger Jesu war ungläubig – und wir? Nur all zu gerne möchten wir Zeichen haben, damit wir glauben können.
  Zeichen will unsere Gesellschaft, auch wir möchten sie sehen. Wir können nicht wie Thomas die Wunden des Herrn sehen und berühren. Das ist eigentlich ungerecht sagte mir mal eine Schülerin; die Leute von damals taten sich mit ihren Glauben viel leichter – ist das wirklich so?
  Zweifel hat es damals wie heute gegeben.
  Zeichen, Reales gibt es die heute noch? Ich denke schon.

Den GLAUBEN hat man nicht einfach mit einem Fingerschnippen. Glaube muss wachsen. Wenn ich einen Samen säe, so muss ich ihn pflegen, gießen, düngen. Ich selbst bin gefragt! Dieses Hinarbeiten, das Bewähren, macht nicht nur einen guten Christen aus, sondern auch einen guten Feuerwehrmann/frau.

Unseren Glauben leben und zeigen, das können wir, mit der Art und Weise wie wir miteinander umgehen und dabei erfahren wir auch Glauben. Da erfahren wir was es heißt zu sagen: Oh mein Herr und mein Gott!

Das ist wie ein Türen öffnen:

Komm in unsere Mitte, Gott,
wenn wir aus Furcht vor den Menschen
hinter verschlossenen Türen sitzen;
kleingläubig die Argumente hin- und herwenden,
von unseren Zweifeln nicht loskommen.

Lass uns Deiner sicher werden,
dass wir wagen, die Türen zu öffnen
für alle, die Heimat brauchten und Halt.
Dass wir hinausgehen zu denen draußen,
die, allein mit ihren Nöten, darauf warten,
dass einer sie finde.

Aus: Zum Leben bestimmt, Impuls- und Meditationstexte (nicht nur) für Ostern, Hrg: Haus der Stille, Heiligenkreuz am Waasen.

140 Jahre Baden – Leesdorf; 4. 9. 2016

KEINE ANGST

Wir sind heute zusammengekommen um daran zu erinnern, dass sich vor 140 Jahren eine Gemeinschaft von beherzten Bürgern gefunden hat, um die Freiwillige Feuerwehr Baden–Leesdorf zu gründen.

Und jetzt sind wir hier um Eucharistie – also Danksagung zu feiern. 140 Jahre schwingen mit; Eine zeitliche Spannbreite von Josef Haigl bis zu Anton Kerschbaumer.
So manche Sorgen, auch Ängste begleiteten die Kommandanten, begleiten unseren Alltag. In unserer Gesellschaft werden leider auch immer wieder Ängste geschürt.
Wovor hab ich ANGST?
Dass es in der Kameradschaft zu viel Streit gibt,
Dass der eine früher befördert wird als ich, „a Kekserl mehr hat"
Dass unser christlicher GLAUBE schwindet,
andere Religionsgemeinschaften stärker werden.
Wie ist das mit den Flüchtlingen,
dem Arbeitsplatz und vieles mehr?

Heute wird Mutter Teresa von Kalkutta in Rom heiliggesprochen; diese kleingewachsene Ordensfrau, sie hatte vor nichts Angst, NICHT vor den Mächtigen dieser Welt und gar keine Angst hatte sie, sich um die ausgegrenzten Menschen, um Aids-Kranke sich zu kümmern. Was und wer hat ihr geholfen? Ganz einfach: Ihr Glaube an Gott, an die Nächstenliebe: Sie hat das Evangelium nicht nur gelesen – sie hat es gelebt.
Und denkt an den Schutzpatron der Feuerwehr, den hl. Florian. Dem wurde ein Mühlstein umgehängt und er wurde ins Wasser geworfen weil er Jesus Christus nicht abschwor. Und dennoch ist er zu Christus gestanden.
Wem es gegeben ist GLAUBEN zu können, der findet darin Kraft, auch in Situationen unseres Mensch-Seins in denen wir Ängste verspüren.
Aber mit Christus im Gepäck, da brauche ich wirklich keine Angst haben!

Nicht hochmütig
Möchte ich vor dir stehen
Und nicht nur mit bloßen Füßen
Ich weiß um meine Grenzen

Aber
Auch nicht geknickt
Mit lähmender Angst im Herzen
Ich weiß um meinen Wert
In deinen Augen

Aufrecht
Möchte ich vor dich treten GOTT

Und
Mit Rückgrat vor den Menschen stehn.
In dir mich aufgehoben spüren

(Gaby Faber-Jodocy)

So wünsche ich UNS, dass wir gestärkt für mindestens weitere 140 Jahre von unserem heutigen Zusammensein auseinandergehen und spüren: Ich bin nicht allein.

150 Jahre LFVB Festmesse Baden (Casino) 2.5.2019

FEUERWEHRMANN WERDEN

Und Was möchtest du einmal werden, wurde der kleine Franzi in seiner Kindheit gefragt? „Feuerwehrmann" – so die begeisterte Antwort. Was wollten Sie einmal werden? – Was sind sie geworden?

Vor über 150 Jahren brannten viele für das Feuerwesen und wollten für den NÄCHSTEN da sein, haben seitdem viele Feuer gelöscht, sind Einsätze gefahren. Seitdem ist viel an Technik hinzugekommen, seit 1961 gibt es die Feuerwehrseelsorge in unserem Landesverband, Frauen stellen ihren Mann, und die Jugend ist präsent wie nie zuvor.

Als ich 1973 der Jugendfeuerwehr beitrat, lernten wir noch vom Essener Tragetuch. Und heute? Vielfach sind wir, die Feuerwehren und ihre Mitglieder gefordert, Feuer zu LÖSCHEN – wie Gerhard Karner gestern in Furth sagte, aber noch vielmehr muss das Feuer auch BRENNEN in Form von Begeisterung für das Feuerwehrwesen, für Kameradschaft, für den Nächsten einzustehen.

Übrigens: GUTSEIN fördert den Humor, die Fröhlichkeit!
Verstehen wir noch zu FEIERN? – Wir verstehen zu feiern und der NÖ Landesfeuerwehrverband kann feiern, denn heute begehen wir 150 Jahre unseres offizielles Bestehens. Und wir feiern das auch in der Eucharistie, in der Danksagung dieser Festmesse!

An der Wiege der Gründung des Landesfeuerwehrverbandes des Landes NÖ, in Baden, da sind wir zusammengekommen um Eucharistie – um DANK zu sagen!

Manche von uns schwelgen in Erinnerungen an vergangene Zeiten, und wir vergessen auch die Kameraden von einst nicht!
Heute sind wir zukunftsorientiert, versuchen unsere Gerätschaften und Ausbildungen zu verbessern, am aktuellen Stand der Zeit orientiert zu sein – aber ohne Herrgott geht's nicht!

„Wie beglückend ist es doch, Ideen zu entwickeln, Fantasie zu entfalten, was sie können mit anderen zu teilen, gemeinsam an einem größeren Ganzen zu arbeiten und dabei eine wunderbare Erfahrung zu machen: Anderen helfen zu können, hilft mir, andere tragen zu können, trägt mich" (vgl. aus: Arnold Mettnetzer, Was ich glaube, S 37).

Die Nächstenliebe trägt mich, trägt auch uns ALLE, die wir heute zusammengekommen sind – Gott zur Ehr dem Nächsten zur Wehr auf weitere 150 Jahre um in Not geratenen Menschen beizustehen.

Darum möchte ich Feuerwehrmann werden, Feuerwehrmann sein ...

140 Jahre-FF Pfaffstätten (Verteiler) Joh 17, 20-26

EINHEIT

Der Höhepunkt des Jubiläumswochenendes in Pfaffstätten ist mit Sicherheit die heutige Eucharistie – Danksagung. Ein Danke für 140-jähriges Bestehen der FF Pfaffstätten und die 40-jährige Städte-Partnerschaft Pfaffstätten-Hörstein-Alzenau. Partnerschaften, Freundschaften, Kameradschaft haben immer die Einheit in der Gesamtheit zum Ziel.

Nicht nur unseren Freunden aus Hörstein klingt die „deutsche Einheit" nach, liegt uns vielleicht noch im Ohr. Wir alle wollen aus tiefstem Herzen Einheit – in unseren Familien, am Arbeitsplatz, in unseren Vereinen (Feuerwehr/polit. Gemeinde). Einheit heißt nicht, dass einer bestimmt und alle anderen müssen nachgeben, aber Einheit um der Sache willen gibt es sehr wohl. Wenn man zum Beispiel bei einem Feuerwehreinsatz verschiede Schläuche zur Anwendung bringen muss, dann kann ich bei einem C-Schlauch normalerweise nur ein C- Spritzrohr anschließen, ähnlich verhält es sich beim B-Schlauch.

Aber manchmal sollten wir der Sache wegen Kompromisse schließen. Um bei unserem Beispiel zu bleiben, um C und B Schlauch vereinen zu können, gibt es den Verteiler, ein Zwischenstück, wo man auf der einen Seite den C-Schlauch und auf der anderen Seite einen B-Schlauch ankoppeln kann. Obwohl verschieden, ergeben sie eine Wasserlinie an Schläuchen. Geht es uns Menschen nicht auch des öfteren so, dass wir eigentlich gut miteinander umgehen wollten, aber auf das Zwischenstück, den Verteiler vergessen wir allzu oft.

Dieser menschlichen Komponente kommt noch die Einheit um das Gebet hinzu. Auch da gibt es die verschiedensten Gebetsformen und Glaubensübungen. Das Gebet, das Einüben in die Sache Jesu, das kann auch zur Einheit führen. Auch hier auf unterschiedlichste Art, sei es ein freies Gebet, eine Meditation oder der Rosenkranz. Natürlich brauchen wir Erinnerungen, Aufmunterungen.

Wenn uns die Glocke ruft und auffordert zum Angelus, dass wir ein „Gegrüßet seist du Maria" beten für die Einheit unter uns Menschen, für die Einheit um die Sache Jesu. Dass euch das immer wieder bewusst wird, wenn ihr eure Glocke hört, das sei mein Wunsch an diesem Festtag für Euch, für uns alle!

31

FLORIANIWALLFAHRTEN

Florianimarsch 2005

DIE MASKE

Ich weiß nicht, wie es euch geht, aber manchmal verstecke ich mich schon ganz gern hinter einer Fassade, hinter einer Maske. Hinter einer Maske kann ich mich verstecken und auch schützen.
Bei einer Clown-Maske lächle ich, zeige Humor und niemand weiß wie es in meinem Inneren ausschaut – ähnlich ist das bei Perchten usw. Mit Masken kann ich auch schützen, denken wir nur an unsere ATEMSCHUTZMASKEN, wie oft sehen wir durch diese schützende Maske Leid, Schutt, Chaos. Und immer wieder stellt sich die Frage, wer ist hinter dieser Maske. Im römischen Theater hieß Maske PERSONA – hindurch tönen. Wo tönen wir hindurch, wo stehen wir HEUTE dahinter?
Eine Person ist als GANZES zu sehen, wir vereinigen gute und weniger gute Talente in uns. All unsere Gaben setzten wir ein für unseren Dienst am Nächsten.
So wie wir sind, so sind wir Mensch! Oft müssen wir uns im Alltag, meist hektisch, den Anforderungen des modernen Feuerwehrwesens stellen. Jetzt können wir ruhig nachdenken über Fragen unseres Lebens:
▸ Was sind meine Masken, wie erscheine ich, wohinter schütze, verstecke ich mich?
▸ **Wer bin ich in meinem Innersten?**
▸ Gibt es Menschen, wo ich so sein kann wie ich bin, bei wem kann ich mich ohne Maske zeigen?

Liebe Feuerwehrmitglieder, liebe Freunde der Feuerwehr! Auch Gott hat Masken; denken wir an das Bild vom Opfergott, strafenden Gott, schon auch an den barmherzigen und verzeihenden Gott.
Setzen auch WIR Gott Masken auf? Wer bin ich in meinem Innersten?
Hinter KEINER Maske kann ich mich verstecken, weder hinter der Clown-Maske noch hinter der Atemschutz-Maske. Gott trägt und hält uns so wie wir sind. Gott ist Liebe! Das ist Ausdruck der höchsten Essenz.

Darum sind wir CHRISTEN aufgerufen: LIEBT EINANDER!

Florianimarsch 2006 nach Stephanshart

IM OMNIBUS

An diesem wunderschönen herbstlichen, sonnigen Tag feiern wir heute unsere FLORIANIWALLFAHRT! Schön, dass so viele gekommen sind um miteinander zu sein.
Mit so einem Omnibus möchte ich unser Feuerwehrwesen, unsere FEUERWEHREN vergleichen.
Das Wort Omnibus kommt aus dem Lateinischen und heißt übersetzt: Für ALLE (einer für alle – alle für einen)
Die FEUERWEHR wie ein Omnibus?
Diesen Vergleich möchte ich nun ausmalen.

Die Feuerwehr sollte kein Rennwagen sein und auch keine Privatlimousine in der nur ein paar Platz finden, es sollte ein umweltfreundlicher Omnibus sein. Er öffnet seine Türen für alle, die an den Haltestellen des Lebens warten und einsteigen und die Hilfe für den Nächsten geben wollen.
Unser Feuerwehrbus ist für alle Menschen da; jeder darf einsteigen. Jugendliche und Familien, Frauen und Männer, Fortschrittliche und Traditionsverbundene.
Unsere FEUERWEHR – ein Omnibus für alle.
Der Busfahrer sitzt vorne ziemlich allein. Oft haben Kommandanten (übrigens in allen Ebenen) das Gefühl, allein gelassen zu werden. Aber er muss nicht allein sein. Er kann an den Haltestellen seines Umfelds unter die Leute gehen, auch wenn es ihm manchesmal schwer fällt; er könnte erzählen wie es ihm geht, Rat von Alt und Jung einholen, von Einsätzen seinerzeit berichten, die Jungen ernst nehmen und auch anhören, erzählen lassen wie es ihnen beim Einsatz ergangen ist. Möglicherweise fühlt er sich dann wohler.

Der Chef des gesamten großen BUS-UNTERNEHMENS ist Jesus Christus. Er sitzt nicht in irgendeinem fernen himmlischen Büro, sondern im Bus und fährt mit uns mit, greift manchmal helfend ins Lenkrad, ermutigt und beruhigt.

Gerade bei belastenden Einsätzen fährt ER mit uns Feuerwehrleuten durch unser Leben und begleitet uns – auf den Strassen, bei Brandeinsätzen, bei technischen Einsätzen, auch wenn TUS-Alarm durchs „Piepserl" angekündigt wird; ER fährt mit und ist einfach DA.

Kamerad Jesus hilft in den Tunneln der Enttäuschung, auf dem Glatteis schwieriger Fragen und in den unübersichtlichen Kurven des Schicksals.

Er wartet ,auch wenn es „BRAND AUS" heißt, wenn wir am Ziel unseres Lebens sind.

In dieser Gewissheit dürfen wir mit dem Feuerwehr-Omnibus unterwegs sein – nicht nur heute.

Florianimarsch nach Stift Göttweig, 1. September 2007

Pfingsten

Zu Pfingsten feiern wir den Geburtstag unserer Kirche! Heute feiern wir ein Fest der Begegnung mit unserer Feuerwehrfamilie! Begegnung mit vielen Menschen. Wir pilgerten auf den Göttweiger Berg. Der Heilige Geist zu Pfingsten hat den Jüngern die Angst genommen und Mut gegeben, sich für Jesus einzusetzen und von ihm zu predigen. So wie wenn wir bei Einsätzen Entscheidungen treffen müssen, wenn wir Kameradschaft pflegen sollen, wenn manchmal ein rechtes Wort gesagt gehört. Wenn Fingerspitzengefühl von uns gefordert wird, auch da begleitet uns Jesus von Nazareth.

Wir alle haben so viele, bunte Gaben, den der Geist in uns für das Feuerwehrwesen erwecken möchte. Der hl. Florian ist unser Schutzpatron und Florian bedeute der BLÜHENDE. Darum möchte ich den Heiligen Geist mit diesem blühenden Blumenstrauß vergleichen. Die Blumen haben einige zum Lächeln gebracht. Das ist eine Eigenschaft des Heiligen Geistes: Er verscheucht traurige Gedanken und gibt uns Schwung. Dieser Strauß hat viele Farben: Rot, gelb, rosa, grün, blau, weiß. Auch eine Distel ist dabei ... (Sind wir selbst nicht manchmal wie eine Distel?) Wenn alle Blumen nur eine Farbe haben, dann ist das lange nicht so schön – gerade die Unterschiedlichkeit macht den Strauß so wunderbar. Jede Blume ist wichtig. Ihr seid ALLE wichtig in eurer Vielfalt für das Feuerwehrwesen und darüber hinaus.

Eine spricht die Jugend cool an und führt mit viel Liebe die Jugendfeuerwehr. Es gibt Frauen und Männer bei der Feuerwehr die besonders einfühlsam sind – sie stellen sich für den psychologischen Dienst zur Verfügung. Wieder andere machen perfekt den Verwaltungsdienst. Andere von uns sind geeignet, Menschen zu führen – sie wurden zu Kommandanten gewählt.
 Einsatzwillig und mit Erfahrung bestreiten Feuerwehrfrauen und Feuerwehrmänner den Einsatzdienst ...

Keine dieser Blumen alleine ergibt so einen schönen Blumenstrauß – so ist das in unserer Welt. Keiner allein ist die Feuerwehr!

Gott schenkt jedem Menschen seinen Geist – seine Gaben. Deshalb kann jeder Mensch etwas besonders gut.

Es kann kein Mensch alles super; erst wenn mehrere beisammen sind und sich gegenseitig mit ihren Fähigkeiten helfen und Freude machen – es muss niemand eifern – dann wird etwas von Gott spürbar.

Heute ist das Fest der Gemeinschaft.

Heute ist das Fest der Lebensfreude!

Heute ist das Fest eines bunten Blumenstraußes!

Florianimarsch 2008

DIE LANDKARTE

Es waren einmal zwei Mönche, die in einem alten Buch lasen, am Ende der Welt gäbe es einen Ort, an dem Himmel und Erde sich berühren und das Reich Gottes beginnen würde.
Sie beschlossen, ihn zu suchen und nicht umzukehren, ehe sie ihn gefunden hätten.
Sie durchwanderten die Welt, bestanden unzählige Gefahren, erlitten alle Entbehrungen, die eine Wanderung durch die ganze Welt fordert.
An diesem Ort sei eine Tür, so hatten sie gelesen. Man brauchte nur anzuklopfen und befände sich im Reich Gottes. Schließlich fanden sie, was sie suchten. Sie klopften an die Tür; bebenden Herzens sahen sie, wie sie sich öffnete.
Als sie eintraten, standen sie zu Hause in ihrer eigenen Klosterzelle und sahen sich gegenseitig an.
Da begriffen sie: Der Ort, an dem das Reich Gottes beginnt, befindet sich auf der Erde, an der Stelle, die Gott uns zugewiesen hat.
(Legende aus Russland)

Gott hat uns heute zusammengeführt, um miteinander zu sein, hat uns den Weg gewiesen auf der Landkarte. Bin ich glücklich an dem Platz wo ich stehe? Vermutlich nicht jeden Tag – aber eigentlich passt es.

Unsere Feuerwehrgemeinschaften, es beginnt schon in der Wettkampfgruppe oder noch früher in der Gruppe der Jugendfeuerwehr, ja da haben viele von uns ihren Anfang gefunden.

Die Feuerwehrgemeinschaft kann uns Halt geben. Feuerwehrmitglied zu sein, das ist Berufung – der Platz anderen zu helfen, der ist uns zugewiesen.

In vielen Ortsgemeinschaften hat die Feuerwehr einen festen Bestand. Warum?
Ich glaube, weil sie integriert, zusammenführt. Feuerwehr ist für viele Heimat. Heute noch begegne ich mit Respekt meinen damaligen Jugendführern, die uns die Feuerwehr schmackhaft gemacht haben.

Das gute Gefühl daheim zu sein, das tut jedem Menschen gut, das stärkt jede Gemeinschaft.

Um ehrlich zu sein, manchmal sind war dann schon auch unzufrieden, weil vielleicht die Nachbarfeuerwehr schon wieder ein neues Einsatzfahrzeug bekommen hat ... – wie die das nur machen?

Aber Hand aufs Herz: Ah bisserl bled reden, damma schon (darf schon sein.)

Da geht's uns ein wenig wie den beiden Mönchen aus unserer Geschichte.

Das wesentliche aber, zu wissen wo ich hingehöre, wo mein Feuerwehrplatz ist, das zählt.

Ich kann mit dem Finger auf der Landkarte herumfahren, mir denken: „Da ist auch schön, da gibt es Interessantes aus der Feuerwehrgeschichte", aber das GPS führt mich zu meinem Ort, führt mich zu meinem heimatlichen Feuerwehrtor. Da spüre ich, Gott hat mir meinen Platz zugewiesen.

26. Florianiwallfahrt nach Mönichkirchen 2009

DAS NAVI

Wir sind zum 26. Florianimarsch – zur Wallfahrt des NÖ LFVB zusammengekommen.
Habt ihr auch gleich hierhergefunden, neben den ganzen Hinweisschildern?
Vielleicht hätten sie ein Navigationsgerät benutzen sollen, dieses Gerät ist sehr hilfreich.
Aber zunächst muss ich das Gerät einschalten um den **KONTAKT** herzustellen. Sind sie eingeschaltet? Schon munter? Und ich hoffe, Sie möchten heute viele Kontakte knüpfen.
Ja, und dann muss ich das **ZIEL** eingeben (heute Mönichkirchen). Wo will ich in meinem Leben hin? Was will ich bei der Feuerwehr – tun? Was ist das Ziel meines Lebens? Das wird sich auch manchmal verändern. Manchmal werde ich mich fragen, was ich eigentlich will. Weiß ich was ich will?
Das NAVI ist ganz super, da gibt es auch eine Stimme die dir den Weg ansagt, wahlweise weiblich oder männlich. **HÖREN** – HINHÖREN. Hören auf die Stimme, auch auf die innere Stimme des Herzens. Ganz ungeschickt ist es, das Navi einzuschalten und dann doch nicht auf die (Damen)stimme zu hören, weil ich einen Abstecher weiß. Es fällt uns manchmal schwer, das zu tun, was wir als richtig erkannt haben in unserem Leben, auf unsere Stimme zu hören. Vielleicht auch auf das, was der Kommandant sagt und meint.
Der hl. Florian hat mit seinem Leben Antwort gegeben. Unser Schutzpatron hat auf die Stimme Gottes gehört, er hat sein Lebensziel erkannt und folgte Jesus nach.
Ich wünsche uns so sehr, dass wir nicht hin- und hergerissen sind und werden, sondern dass wir unser Lebens-Ziel erkennen und erfahren dürfen, auch in der Kameradschaft unseren Feuerwehren!

41

Florianimarsch 2010

Heimat

Was ist für mich Heimat, was gibt mir Geborgenheit? Welche Orte fallen euch jetzt ein? Mariazell, Mitterbach, mein Heimatort? Familie, Freunde sind meistens Orte des Wohlfühlens, des Zugehörig-Seins. Natürlich ist auch die Feuerwehr, mein Feuerwehrhaus zu Hause, ein Ort wo ich hingehöre, wo ich Geborgenheit empfinde. Manche von uns haben nur mehr die Feuerwehr, die ihnen Halt gibt; dann ist die Feuerwehr ihre Familie geworden.

Sehr viele von uns haben ein ausgeprägtes Heimatgefühl; jeder mit seiner eigenen Erfahrung und seinem Zugang.

Unsere FF-Jugend, sie freut sich über das neugestaltete Haus der Feuerwehrjugend in Altenmarkt/Ysper; sie geht das anders an, als wir schon etwas Älteren, und die schon ganz Reifen, die sehen das wieder ganz anders. Bei der Jugendfeuerwehr ahnt man bereits, welche Erfahrungen man später machen kann. Wir Feuerwehrleute wirken deshalb so stark, weil unser Gemeinsinn ausgeprägt ist. Mit Gleichgesinnten zusammen zu sein, ähnliche Lebensziele zu haben, für unsere Heimatstadt, dort wo wir wohnen, für das Gemeinwohl zu wirken; das schweißt zusammen, besonders bei Einsätzen, bei Einsätzen, wo es um Menschen/Mitmenschen geht. Denkt dran, wie euch da geht, wie wir fühlen?

Bei uns geht es um die Sache, für jemanden, etwas tun, Einsatz; FF-Freundschaften sind etwas Besonderes. Bewerbe, Partner der FF, manchmal wird auch gestritten. Wo holen wir uns all die Kraft, für unser Schaffen? Wo gehe ich hin, wenn mich etwas bedrückt? Als Kind bin ich immer zur Mama gegangen, heute gehe ich zur Mutter Gottes nach Mariazell, zur Magna Mater Austriae.

Wenn wir heute als Feuerwehrfamilie – über Ländergrenzen hinweg – nach Mariazell pilgern, mit unseren Freuden und Sorgen im Gebäck, dann bitten wir für unsere Familien, für unsere Kameradschaft. Kameradschaft, wie auch die Beziehung zu Gott, sie gehören gepflegt. Wenn wir dem Nächsten helfen, dann pflegen wir schon auch die Beziehung zu Gott – lasst uns das nie aus den Augen verlieren!

Florianiwallfahrt 2011 – Stift Klosterneuburg

Die Fotoapparate

Es waren einmal zwei Fotoapparate. Beide gleicher Marke. Hochmodern. Der eine hieß Meier, der andere Müller. Dies ganz zufällig. Schließlich musste man die beiden ja unterscheiden können.

Eines Tages kamen die beiden Apparate nebeneinander zu liegen. Dies auch ganz zufällig. In einer Garderobe. Bei einem Anlass, der ziemlich lange dauerte. Nach anfänglichem Vortasten kamen die beiden ins Gespräch. Womit sollten sie denn sonst die Zeit vertreiben?

„Meier ist mein Name, freut mich, Sie kennen zu lernen" –

„Müller – Freude ganz meinerseits!" So lautete die kurze Vorstellung. Beide freundeten sich im Gespräch an.

Sogar bis zum „Du".

Schließlich verbanden sie die gleichen Interessen. Bald tauschten sie gegenseitig zur Ansicht und zur Begutachtung die farbigen Bildchen aus, mit denen sie vielfältig das Leben eingefangen hatten. Beide kamen über die Aufnahmen des andern nicht aus dem Staunen heraus – aber beide in entgegengesetzter Richtung. Meier staunte über die Bilder Müllers, dass sie so wenig farbenprächtig, so unscharf, so blass und nichtssagend und damit so unerfreulich waren.

Müller jedoch konnte sich mit staunenden „Ah!" und „Oh!" nicht genug tun über die einzigartig scharfen, leuchtenden und frohmachenden Bildchen, mit denen Meier das bunte Leben festgehalten hatte.

„Verrate mir bitte dein Geheimnis!" bat Fotoapparat Müller den Meier.

Neidisch blickend vermutete er ein besonderes Zusatzgerät bei Meiers Kamera oder sonst einen Trick.

„Kein Geheimnis und kein Trick!" entgegnete lächelnd Apparat Meier.

„Nur eines musst du dir gut merken, lieber Freund: Das Entscheidendste ist stets die richtige Einstellung! Und merke dir noch etwas: Bei der Einstellung kommt es vor allem auf die Distanz an und das Licht!"

Als der Anlass zu Ende war und die beiden Garderobenfreunde sich trennen mussten, tönte es Müller noch lange in den Ohren nach:

Lieber Freund, das Entscheidendste ist stets die richtige Einstellung!
Und als es in ihm das nächste Mal „klick" machte, musste er staunend lächeln über die so späte Erkenntnis.

Wenn heuer „das Jahr der Freiwilligen„ von Politik und Gesellschaft hoch gepriesen wird, wir hoffen es dauert auch nächstes Jahr an, so ist es unsere innere Einstellung, die uns immer wieder zusammenführt um unseren Nächsten zu helfen. Da braucht es eigentlich nicht mehr an Worten.

Mir ist es ein ganz großes Anliegen, dass, wenn wir untereinander manchmal aneinander geraten, in der eigenen Wehr, im Abschnitt, im Bezirk, im Verband – aus welchen Gründen auch immer – dass wir alle nach einem kurzen „Schnapperl" wieder zusammenfinden, eben weil es um die gute Sache, um die Einstellung geht:

Gott zur Ehr, dem Nächsten zur Wehr!

Viel Freude beim Fotographieren (am heutigen Tag) und mit der gewonnen Erkenntnis wünsche ich uns weiterhin ein gutes Miteinander – Gut Wehr!

Florianimarsch 2012

DER RUCKSACK

> Gott, Du schenkst mir
> ein wenig Zeit!
> Die Stille hier tut mir gut.
> Mein Herz beginnt zu heilen.
> Lass mich bitte nicht allein,
> wenn ich wieder hinausgehe.
> Begleite mich als ein guter Freund/Kamerad
> wohin mich immer mein Weg führt.

So oder ähnliche Gedanken haben manche von uns begleitet als wir uns zum 29. Florianimarsch, zur Landes-Floriani-Wallfahrt des NÖ Landesfeuerwehrverbandes auf den Weg machten.

Zum Unterwegs-Sein ist auch ein Rucksack praktisch. Was habe ich alles hinein gepackt: Schuhe, Socken, geistliche Lektüre, was zum Essen/Trinken ....

Auch unsere Freuden und Sorgen haben wir heute mitgenommen, die sind nicht im Rucksack, die tragen wir in unseren Herzen, vielleicht tragen wir auch unser „Kreuz" mit. Es gibt im Leben halt nicht nur Sonnenschein; nicht in unseren Gemeinschaften, in unseren Familien und halt auch nicht in unseren Feuerwehren.

Wenn wir einmal im Jahr ganz bewusst als Feuerwehrfamilie zusammenkommen, dann tragen wir das mit hierher, nehmen auch die gedanklich mit, Schritt für Schritt, die nicht dabei sind. Was habe ich heute mitgetragen? (kurze Stille)

Wir gehen auf **Wegen**, die geprägt sind von den Spuren der Vielen, die vor uns unterwegs gewesen sind. Sie alle haben ihre Spuren hinterlassen, wie auch wir Spuren in unserem Leben, auch im Feuerwehrleben hinterlassen. Wir Menschen tasten nach Gott, der seine Begleitung zugesagt hat, ob wir es öffentlich kundtun oder nicht.

Das **Schuhprofil** stützt den, der unterwegs ist und gibt ihm Halt im unwegsamen Gelände, im Feuerwehreinsatz. Wir alle hinterlassen Spuren, die Nachkommenden Orientierung geben. So kann mein Schuhprofil auch zum Symbol für tragfähigen Glauben und sein Sichtbarwerden in dieser Welt werden.

Im Unterwegs-Sein mit den Mitmenschen, im Gehen, entsteht ein einzigartiger Weg durch Schrittmaß und Abdruck der Schuhe, Verharren und Beschleunigen, Straucheln und Umkehren.

So zeichnet ein jeder seine **Hoffnungsspuren** in die Landschaft, in die Feuerwehrlandschaft.

Wenn wir heute von unserer Begegnung nach Hause kommen, den Rucksack wieder auspacken, vielleicht kommt dem einen oder der anderen der **Weggedanke** in den Sinn:

> Gott, Du schenkst mir
> ein wenig Zeit!
> Die Stille hier tut mir gut.
> Mein Herz beginnt zu heilen.
> Lass mich bitte nicht allein,
> wenn ich wieder hinausgehe.
> Begleite mich als ein guter Freund/Kamerad
> wohin mich immer mein Weg führt.
> Amen

Florianimarsch 2013 Heiligenblut (Gde. Raxendorf)

DER STOCK

Wir sind heute zusammengekommen, um einander zu begegnen, auf dem Weg hierher und auch jetzt in der hl. Messe. Der heutige Tag steht auch ganz im Zeichen des Aufrufes von Papst Franziskus zum Frieden für Syrien; aber auch für uns selber, wie mühsam ist es oft, den inneren Frieden zu finden und dann erst recht friedlich miteinander zu leben, ich weiß nicht was das ist, dass wir Menschen immer wieder streiten müssen – leider auch in unseren Feuerwehren, oft wegen „Blödsinn" ...

Wir waren heute schon unterwegs, kurze oder lange Strecke, manchen war ein Stock hilfreich. Ich hab heute einen Wallfahrerstock mitgebracht, wenn ich den betrachte, dann fällt mir ein, dass er als Unterstützung dienen kann. Hilfreich zur Seite steht.

Der verstorbene Bischof Reinhold Stecher von Tirol beschreibt in einem seiner Bücher den Vergleich des Hirtenstabes, was einen guten Seelsorger (FKUR), Vorgesetzten (Goldfasan), ausmachen kann. Jede Gruppe braucht ein Leittier. So ein Stab soll keine Hiebwaffe gegen vermeintliche Feinde sein, vielmehr ein Instrument für Heimzuholende tritt er jetzt aus oder nicht, „passt einer oder passt er nicht zu uns". Falsch wäre es auch, den Stecken als Marschallstab zu verwenden, viel richtiger wäre es, wenn wir den Stab als Antenne für den Funkverkehr mit dem Heiligen Geist wahrnehmen, der uns führen will. Nicht ganz geschickt ist es, wenn wir den Führungsstab als Sportgerät für Karrieresprünge verwenden. Man könnte auf die Nase fallen.

Nützen wir den anvertrauten Hirten-Stab als Mittelstange für das Zelt Gottes. Scharen wir uns in dieses Zelt Gottes, gerade in Zeiten wie diesen. Stoßen wir jene nicht weg, die seltener kommen, vielleicht schaffen wir es, großmütig zu sein, wie der Barmherzige Vater. Wenn wir im Feuerwehrwesen aktiv sind, dann übernehmen wir auch Verantwortung. G`schaftler sind möglicherweise nicht richtig am Platz. Jeder Gruppenkommandant, Zugskommandant oder Feuerwehrkommandant hat Führungskompetenz, ist auch eine Art Hirte für die Seinen. Mitverantwortung ist gefragt und friedvolles Miteinander wäre ein Hit! Am heutigen Tag des Friedens mögen wir uns einmal mehr zusammentun, um friedvoller in unseren Wehren, in unserer Umgebung zu wirken.

Der Herr segne unseren Einsatz!

Florianimarsch 2014 (Kohelet 3, 1-8)

DANK

Auch heuer sind wir wieder zu unserer Florianiwallfahrt, zum Florianimarsch des NÖ Landesfeuerverbandes zusammengekommen. 31 Jahre passiert das schon, eine stolze Zeit, manche schaffen ein Eheleben nicht so lang.

Aus welchem Motivationsgrund seid ihr heute gekommen? Warum habt ihr euch auf dem Weg gemacht? Jeder sieht das aus seiner Perspektive. Manchen gibt es heuer nicht mehr auf diesem Erdenleben, sie feiern woanders mit. Wenn man wallfahren geht, so nimmt man vieles seiner Anliegen im Herzen mit auf dem Weg. Wir Menschen der Gegenwart suchen immer mehr die Ruhe, Gelassenheit, den inneren Frieden. Nicht immer haben wir diesen. Das Alltagsgeschäft holt uns ein, wir lassen uns auch gehen. Denkt an das, wie wir manchmal miteinander umgehen, nicht wirklich gut, nicht kameradschaftlich.

Wir vergessen auch leider allzu oft, unserem Gegenüber den rechten DANK (vgl. Reinhold Stecher: „Mit gläubigem Herzen") auszusprechen.

- Dank an die meist Unbedankten, die stillen, fleißigen Hände,
- Dank für den Dienst an der Jugend,
  an die Jugendfeuerwehr-Begleiter
- Dank für den Dienst an der Gesellschaft, das gilt unseren
  Feuerwehren zu Hause)
- Mein letzter Dank geht in die Tiefe, dieser gilt all denen, die sich
  uns FF-Kuraten, den Seelsorgern anvertrauen, Dank all denen, die
  ihre Kräfte für den Nächsten einsetzten.

Ich weiß, dass man sich heute oft schwertut, zum Glauben zu kommen. Aber gerade das heutige Miteinander-Sein, das gemeinsame Gehen und auch das miteinander Beten und Singen, beim Kreuzstöckl an unsere verstorbenen Kameraden und Familienangehörige zu denken, jene vor uns nicht zu vergessen, all das führt uns zusammen und macht auch nachdenklich. Es bereichert unsere Kameradschaft. Beschenkt-Sein führt zum Dank, DANK ist ein DU-Impuls. Gott nimmt uns an der Hand.

Bei unserem Gehen begegneten wir der Natur – Wege zum Schöpfer hin. Endlich Zeit haben für uns selbst – und auch für Gott:

Gott, die Zeit ist ein Geschenk,
das du uns machst,
aber ein vergängliches Geschenk,
ein Geschenk, das sich nicht aufheben lässt.
Herr, ich habe Zeit.
Ich habe meine Zeit für mich,
alle Zeit, die du mir gibst,
die Jahre meines Lebens, die Tage meiner Jahre,
die Stunden meiner Tage,
sie gehören alle mir.
An mir ist es, in der Zeit mein Leben zu erfüllen,
für dich und für meine Mitmenschen.

nach Michel Quoist

Florianimarsch 2015 – Stift Altenburg

SCHWARZE UND WEISSE SCHAFE

Ein Jahr ist vergangen, wir sind wieder zusammengekommen um Begegnung beim Florianimarsch, bei unserer Florianiwallfahrt zu erfahren.
Das Gemeinsame steht im Mittelpunkt, jeder und jede ist willkommen!

Mit einer Geschichte möchte ich das verdeutlichen:
Ein Schäfer weidete seine Schafe, als ihn ein Spaziergänger ansprach.
„Sie haben aber eine schöne Schafherde."

„Darf ich Sie etwas in Bezug auf die Schafe fragen?" – „Natürlich", sagte der Schäfer. Sagte der Mann: „Wie weit laufen Ihre Schafe ungefähr am Tag?" – „Welche, die weißen oder die schwarzen?" – „Die weißen." – „Die weißen laufen ungefähr vier Meilen täglich." – „Und die schwarzen?" – „Die schwarzen genausoviel." „Und wieviel Gras fressen sie täglich?" – „Welche, die weißen oder die schwarzen?" – „Die weißen." – „Die weißen fressen ungefähr vier Pfund Gras täglich." – „Und die schwarzen?" „Die schwarzen auch." – „Und wieviel Wolle geben sie ungefähr jedes Jahr?" – „Welche, die weißen oder die schwarzen?" „Die weißen." – „Nun ja, ich würde sagen, die weißen geben jedes Jahr ungefähr sechs Pfund Wolle zur Schurzeit." – „Und die schwarzen?" – „Die schwarzen genausoviel."

Der Spaziergänger war erstaunt. „Darf ich Sie fragen, warum Sie die eigenartige Gewohnheit haben, Ihre Schafe bei jeder Frage in schwarze und weiße aufzuteilen?" -"Das ist doch ganz natürlich", erwiderte der Schäfer, „die weißen gehören mir, müssen Sie wissen." – „Ach so! Und die schwarzen?" – „Die schwarzen auch", sagte der Schäfer.

Die Weißen oder die Schwarzen Aus: Anthony de Mello, Warum der Schäfer jedes Wetter liebt. Weisheitsgeschichten. Herder Verlag, Freiburg Basel Wien 1988, 1998 (3).

Der menschliche Verstand schafft törichte Kategorien, wo Liebe nur eine sieht.

Wenn wir „Feuerwehrler" geloben, dem Nächsten zu helfen, dann ist das ernst gemeint, denn bei der Alarmierung wissen wir nicht, wem wir Hilfe leisten.

Ein Freund, ein „böser" Nachbar, ein Flüchtling? Ob schwarz oder weiß – da fährt man einfach, da wird geholfen.

Die Liebe zum Nächsten wird immer wieder eingefordert, von einem jedem von uns, mag es uns auch noch so schwer fallen.

Gott
Sprich ein Wort in meine Ohren
ein Wort, das Sinn hat

Zünd ein Licht an in meinen Augen
ein Licht, das nicht erlischt

Leg ein Lied auf meine Lippen
ein Lied, das begeistert

Gib eine gute Nachricht in meinen Mund
eine Nachricht, die frei macht

Wirk eine Tat in meinen Händen
eine Tat, die prägt

Wirf einen Rhythmus in meine Füße
einen Rhythmus, der bewegt
Sprich ein Wort in meine Ohren.

Aus: Anton Rotzetter, Gott, der mich atmen läßt. Gebete. Herder Verlag, Freiburg Basel Wien 1985.

Lassen wir uns bewegen, im Gehen auf den Anderen hin, im Rhythmus unsers Herzens.

33. Florianimarsch 3.9. 2016 in Geyersberg

GLAUBE UND ANGST

Wieder sind wir als große Feuerwehrgemeinschaft zusammengekommen um miteinander zu sein. Manche sind schon um halb vier Uhr früh aufgestanden; viele Hände haben sich bemüht, dass alles rundherum passt. Die Sorge, dass auch das Wetter passt, die hab ich euch heute abgenommen.

Und jetzt sind wir hier um Eucharistie – Danksagung zu feiern. So manche Sorgen, auch Ängste begleiten unseren Alltag. In unserer Gesellschaft werden leider auch immer wieder Ängste geschürt.
  Wovor hab ich ANGST?
  Dass es in der Kameradschaft zu viel Streit gibt,
  Dass der eine früher befördert wird als ich „a Kekserl mehr hat"
  Dass der GLAUBE schwindet,
  Andere Religionsgemeinschaften stärker werden.
  Wie ist das mit den Flüchtlingen,
  Sorge um den Arbeitsplatz und vieles mehr ...

Morgen wird Mutter Teresa von Kalkutta in Rom heiliggesprochen; diese kleingewachsene Ordensfrau, sie hatte vor nichts Angst, nicht vor den Mächtigen dieser Welt und gar keine Angst hatte sie vor den ausgegrenzten Menschen oder sich um Aids-Kranke zu kümmern.
Was und wer hat ihr geholfen? Ganz einfach: Ihr Glaube an Gott, an die Nächstenliebe: Sie hat das Evangelium nicht nur gelesen – sie hat es gelebt. Und denkst du an unseren Schutzpatron, den hl. Florian: Dem wurde ein Mühlstein umgehängt und er wurde ins Wasser geworfen, nur weil er Jesus Christus nicht abschwor. Und dennoch ist er zu Christus gestanden.

Wem es gegeben ist, GLAUBEN zu können, der findet darin Kraft, auch in Situationen unseres Mensch-Seins in denen wir Ängste verspüren. Aber mit Christus im Gepäck, da brauche ich wirklich keine Angst haben.

Nicht hochmütig
Möchte ich vor dir stehen
Und nicht nur mit bloßen Füßen
Ich weiß um meine Grenzen

Aber
Auch nicht geknickt
Mit lähmender Angst im Herzen
Ich weiß um meinen Wert
In deinen Augen

Aufrecht
Möchte ich vor dich treten GOTT

Und
Mit Rückgrat vor den Menschen stehn.
In dir mich aufgehoben spüren

(Gaby Faber-Jodocy)

So wünsche ich UNS, dass wir gestärkt für Leib und Seele von unserem heutigen Zusammensein auseinandergehen und spüren: Ich bin nicht allein.

Florianimarsch 2017 St. Pölten Pummersdorf

"SICH AUF DEN WEG MACHEN"

Wieder haben wir uns auf den Weg gemacht um heute beisammen zu sein, manche kommen schon viele Jahre, andere sind neu mit dabei – ALLE seien sie willkommen.

Auf den Weg machen: Wie oft haben wir uns schon auf den Weg gemacht? Unsere menschliche Wegspanne umschließt unser Werden von der Geburt bis zum Tod. In diese Zeitspanne, Wegstrecke, fällt unser Leben.

Was ist nicht schon alles misslungen; aber was ist auch schon gelungen auf unserem Lebens-Weg. Was haben wir uns vorgenommen und dann wieder vorgenommen ...

So viele haben sich schon vor uns auf den Weg gemacht! Heilige, wie unser Schutzpatron der hl. Florian. Mir fällt ein Kardinal König immer wieder ein. -Aber auch ganz normale Menschen! Wie viele Feuerwehrkameraden haben sich neben ihren Familien und Berufsleben nicht schon aufgemacht um sich in den Dienst der Feuerwehr zu stellen?

Sie haben Kurse und Übungen besucht, Gemeinschaftspflege betrieben, sind zu Einsätzen gefahren, vermutlich wurde auch da und dort gestritten, aber letztendlich ging es immer um die gute Sache, es war der gemeinsame Weg. Wir wollen nicht stehen bleiben, wollen uns nicht abstrampeln im Leben, sondern unseren Auftrag heute erneuern, vielleicht neue Kraft schöpfen für unseren Alltag – Fröhlichkeit und Traurigkeit gemeinsam tragen.

Wenn wir heute zusammenkommen, so haben wir uns am frühen Morgen auf den Weg gemacht um für Dank und Segen für das Kommende zu bitten – eine Wallfahrt eben, um mit „Feuer und Flamme" unseren Alltag weiter zu gehen:

„Feuer und Flamme
Gott des Lebens
du bist Feuer und Flamme für uns
erfülle uns mit deiner glühenden Liebe
damit der Funke überspringt und
unsere Sehnsucht entfacht
stecke uns an mit deiner glühenden Liebe
damit neue Hoffnung aufflackert
und wir Leuchtkraft entfalten
begeistere uns
mit deiner glühenden Liebe
damit wir immer mehr brennen für dich
und Brücken des Friedens und der Versöhnung bauen
stärke uns mit deiner glühenden Liebe
damit wir langen Atem bewahren
und Feuer und Flamme bleiben für dich"

© Hannelore Bares / www.aufbrechen-ins-leben.de

In diesem Sinne wünsche ich uns nicht nur heute „Feuer und Flamme" zu sein, wenn wir uns – Tag für Tag – auf den Weg machen. Ich wünsche uns einen guten Weg miteinander – „bon camino" (auf gutem Weg)!

Florianimarsch 2018 Brunnwiesen

BEGEGNUNGEN

Auch in diesem Jahr sind wir wieder zu unserem Florianimarsch – zum 35. Mal – zusammengekommen. Diese Wallfahrt hat für viele von euch einen festen Platz in eurem Terminkalender.

Der heiße Sommer ist Geschichte, die Ferien sind vorbei – viele von euch hatten einen schönen Urlaub, konnten ein gutes Buch lesen. Ich hab „Neuland unter den Sandalen" (Christoph Müller OSB, Tyroliaverlag) gelesen. Der Autor – ein Benediktiner – beschreibt seinen Weg zu Fuß und per Rad nach Santiago, die Stationen auf seinem Weg und die vielen Begegnungen.

Auch wir machen BEGEGNUNGEN mit altbekannten und auch mit fremden Menschen. Solche Zusammentreffen – Begegnungen – das ist immer auch Geschichte und sie bekommen ihre besondere Note durch die handelnden Personen. Wir alle haben schon etliche Stationen unseres Lebens hinter uns. Wie waren sie? Die Situationen bei den Stationen, welche Menschen mit ihren Gesichtern fallen uns dazu ein... Wie es wohl einem hl. Florian ergangen ist? Konnten wir immer eine gute Kameradschaft halten? Hatte auch unser Herrgott einen Platz?

Wir wissen es ja, wenn Menschen zusammenkommen, dann menschelt es auch ab und zu ...

Dazu eine Geschichte:

Zu einem Rabbi kam einmal eine Frau und sagte: Ich richte alle möglichen und unmöglichen Leute aus, sag mir was soll ich dagegen tun?

Der Rabbi schickte sie durch das ganze Dorf und sie sollte in allen Straßen und Gassen Federn ausstreuen.

Nach geraumer Zeit kam die Frau wieder zu ihrem Meister und meldete, dass ihr schon wieder Dinge herausrutschten, die nicht in Ordnung waren.

Meister was soll ich tun?

Und da sagte der Rabbi: Geh und sammle nun die Federn wieder ein – da bemerkte die Frau, dass das nicht mehr möglich war.

Auch uns passieren oft Dinge, die man nicht wieder gut machen kann.

Gerade Geschwätz kann so verletzen, überhaupt wenn wir noch „Gschichterln" dazu machen.

Wir können es unmöglich wieder gut machen. Auch dann nicht, wenn es uns später leid tut; gesagt ist gesagt.

Häufig bleiben davon im Herzen Narben zurück.

Kameraden, Freunde der Feuerwehr!

Wenn ich wallfahren gehe, dann möchte ich auch mit einem guten Vorsatz wieder nach Hause kommen und so besonders auch heute!

Bedenken wir: Was du nicht willst, das man dir tut, das füg' auch keinem anderen zu!

So wünsche ich uns nicht nur heute viele ehrliche, fruchtbringende Begegnungen untereinander – GUT WEHR!

Florianimarsch 2019 Sonntagsberg

NÄGEL IM ZAUN

Liebe Feuerwehrfamilie,
auch heuer treffen wir uns zur Feuerwehrwallfahrt! Es freut mich dass es sich fügt, dass wir am Sonntagsberg zusammenkommen, denn vor 25 Jahren hat mir P. Franz – euer Feuerwehrkurat – zu den Vorbereitungen zu meiner Priesterweihe im Stift Seitenstetten die Exerzitien gehalten und wir sind dabei auch auf den Sonntagsberg zur Dreifaltigkeitskirche gepilgert. (Danach auch zum Mostheurigen…)

Wenn wir wallfahren gehen, ist das kein Wandertag, sondern das ist ein Gehen, wo wir alle unseren Rucksack gefüllt mit unserem Mensch-Sein mittragen. Womit ist unser Rucksack heute gefüllt? Freud und Leid, wen nehmen wir mit, was haben wir im Gepäck, woran trage ich schwer, wobei habe ich Wunden gerissen?

Votivgaben in der Schatzkammer der Basilika vom Sonntagsberg; ich hab einen Sack voll Nägel mitgebracht, denn dieser Tage ist mir eine Geschichte (Harry Prünster hat sie mir geschickt) zugefallen, die mich nachdenklich stimmte:

Es war einmal ein schwieriger und jähzorniger Junge. Er stritt ständig mit anderen und oft um Kleinigkeiten.
Eines Tages gab ihm sein Vater einen Beutel mit Nägeln mit folgendem Auftrag: Jedes Mal, wenn er wütend werde, die Geduld verliere oder streite, solle er einen Nagel in den Gartenzaun schlagen. Am ersten Tag schlug der Junge 17 Nägel in den Zaun. Doch in den folgenden Wochen wurden die Nägel, die er einschlagen musste, nach und nach weniger. Er war zu der Einsicht gekommen, dass es einfacher war, sich zu beherrschen, als ständig Nägel einzuschlagen.
Schließlich kam der Tag, an dem er keinen einzigen Nagel mehr in den Zaun schlug. Er ging zu seinem Vater und erzählte es ihm. Dieser lobte ihn und bat ihn, nun an jedem Tag einen Nagel wieder herauszuziehen, an dem es ihm wieder gelang, sein Temperament erfolgreich

unter Kontrolle zu halten.
Viele Tage vergingen, denn es steckten ja viele Nägel im Zaun.
Aber dann war es geschafft, und der Sohn konnte seinem Vater berichten, dass alle Nägel aus dem Zaun entfernt seien.

Bedächtig ging der Vater mit dem Sohn zum Zaun und bemerkte: „Mein Sohn, du hast dich in den letzten Wochen sehr gut benommen.
Aber schau, wie viele Löcher du in dem Zaun hinterlassen hast. Er wird nie mehr der gleiche sein.
Jedes Mal, wenn du Streit mit jemandem hast und ihn beleidigst, bleiben Wunden zurück – wie diese Löcher im Zaun. Und diese Wunden, die du durch Worte verursachst, tun genauso weh, wie eine körperliche Wunde.
Ganz egal, wie oft du dich entschuldigst, die Wunde wird bleiben. Sei also in deinem weiteren Leben sehr achtsam mit deinen Worten, denn nur wenige Menschen sind in der Lage, dir wirklich aus tiefstem Herzen und voller Liebe zu verzeihen, so dass Heilung für euch beide geschehen kann."
Sehr nachdenklich gingen sie zum Haus zurück. Als Erinnerung an die Worte seines Vaters trug der Sohn stets einen kleinen Nagel bei sich, den er in besonders schwierigen Situationen liebevoll mit der Hand umschloss, und so gelang es ihm, mit allen Menschen friedvoll umzugehen.
Bedenke stets, du kannst deine Worte nicht zurücknehmen!

Die eben gehörte Parabel möchte uns nachdenklich stimmen und aufmerksam machen, möglichst wenig Wunden auf-zu-reißen und verstärkt auf unsere Wortwahl zu achten.

Auf ein gutes friedvolles Miteinander, zumindest heute ...

Florianimarsch 4.9.2021 St. Valentin

CORONA

Im vergangenen Jahr musste unsere Landesflorianiwallfahrt coronabedingt abgesagt werden.
Welch eine Zeit, welche Herausforderungen! – werden sich manche von uns denken.
HEUTE freuen wir uns, dass wir zusammen sein können.
Wir können das in Form der sogenannten 3-G-Regeln tun:
Ich möchte unsere 3 G definieren:

➤ **GEMEINSCHAFT**: Gemeinsam waren und sind wir unterwegs, in unseren Familien, aber auch in unseren Feuerwehren zu Hause.
Für die Kommune haben viele von uns Feuerwehrmitgliedern (und darüber hinaus) sich unter den vorgegeben Richtlinien bereit erklärt, trotzdem zu Einsätzen zu fahren. Ein Einsatz für den Nächsten stand und steht immer im Vordergrund. Aber die kameradschaftlichen Begegnungen waren nur eingeschränkt möglich, keine Übungen, keine Feiern, keine Florianimessen usw.
Wenn diese Zusammenkünfte fehlen – nicht mehr wie gewohnt möglich sind – dann wird einem erst bewusst, dass da etwas fehlt, es wird leer um uns …

➤ **GEBET**: Bei einer Wallfahrt muss man beten … – Wir erleben eine Zeit, wo wir das Gebet brauchen! Für jene, denen es gegeben ist glauben zu können, auch in schwierigen Zeiten, für die ist das Gebet wie ein Sauerstoffzelt in dem wir atmen können.
Beten für sich allein, beten für meine Familie und Freunde und auch für meine Kameraden. Übrigens, miteinander beten kann wertvoll und verbindend sein. Das gemeinsame Gebet fördert die Gemeinschaft, gibt uns Kraft für unseren Lebensweg!

➤ **GELASSENHEIT**: Ich muss zugeben, das ist nicht meine Stärke. So oft sage ich mir, was du nicht selber beeinflussen kannst, das kannst du auch nicht ändern. Leicht gesagt, gut gemeint.

Gottvertrauen führt uns zur Gelassenheit hin und macht uns dadurch wieder für unsere Umgebung annehmbarer. Gott möge es geben.

Liebe Mitfeiernde, wie geht's euch jetzt mit unseren 3 G's?
GEMEINSCHAFT – GEBET – GELASSENHEIT

Für mich sind sie eine Hinführung zum Nächsten, zu meinem Mitmenschen: Darum meditiere ich jetzt: „Vater, ich brauche den Nächsten"

Vater, ich brauche den Nächsten,
der wacht, wenn ich schlafe,
der glaubt, wenn ich zweifle,
der betet, wenn ich schweige.

Vater, ich brauche den Nächsten,
der geht, wenn ich stehe,
der hofft, wenn ich bange,
der kämpft, wenn ich müde werde.

Vater, ich brauche den Nächsten,
der vor mir steht, wenn ich gehen will,
der betet, wenn ich sprachlos bin,
der DIR dankt, wenn mir die Worte fehlen.

Vater, ich brauche den Nächsten,
denn, wenn ich ihn liebe –
liebe ich auch DICH
durch die Nächstenliebe.

Er, mein Nächster, gebe mir Kraft
auf dem Weg hin zu DIR!

(Sylke-Maria Pohl)

Landes-Florianitage

Florianiempfang, 4. 5. 2010 Tulln - Feldmesse

DREI AFFEN

Sie kennen sicher das Bild der drei Affen: i hör nix – i seh` nix – i sag nix (weiss nix). Sind wir Menschen nicht auch so, manchmal verstecken wir uns hinter solchen symbolischen Handlungen. Und was tun wir in Wirklichkeit?
    Müßiggang ist aller Laster Anfang! Das gilt für jeden einzelnen von uns, das gilt jeder Organisation, sei es in der Kirche, Politik oder Feuerwehr. Für uns Menschen ist Bildung, Fortbildung, nicht am Stand stehen bleiben, wichtig im Zusammenleben mit anderen. Das gilt nicht nur für unsere Jugendfeuerwehr. Fortwährend, laufend, immer wieder neu soll das geschehen. Regelmäßige Übungen und christliche Werte einüben ist eine Hilfe für unsere Gemeinschaft.
    Auf die Zukunft ausgerichtet darf man nicht stehen bleiben, nirgendwo ist Stillstand hilfreich, auch nicht für das Feuerwehrwesen. Wir sollten uns stets fortbilden, „ Geist und Seele", „Körper und Mensch" sind gefragt. Nicht nur fachlich, auch menschlich sollte meine Fortbildung auf dem Laufenden gehalten werden. (FF-Medizinischer Dienst, FF-Kuraten, Psychologischer Dienst mit den Peers als Ansprechpartner). Der Mensch steht hinter einem jeden Gerät und muss es korrekt handhaben können.
    In unseren Gemeinschaften gibt es alte und junge Menschen. Der junge Mensch mit seiner Begeisterung und seinem Feuereifer genauso wie der ältere und erfahrene Kamerad, der Gelassenheit, Ruhe, Ausgeglichenheit in die Mannschaft bringen kann. Beides brauchen wir – nur überheblich darf niemand sein! Verschiedene Menschen, unterschiedliche Charaktere sind zukunftsorientiert unterwegs und auch bereit, Menschen in Notsituationen beizustehen. Will ich, ganz persönlich, etwas für die Menschlichkeit beitragen?
    Jesus war für die Menschen da, nicht für die Institutionen; Was kann ich in der Zukunft für unsere Kameradschaft, für die Menschlichkeit beitragen?
    Unter anderem: hin-hören; hin-sehen, mit-reden, mit-einander reden!

DIE WÜRFEL SIND GEFALLEN

„Alea iacta est." (Deutsch, wörtlich übersetzt: „Der Würfel ist geworfen worden." Geläufige deutsche Übersetzung: „Die Würfel sind gefallen."
– Gaius Julius Caesar, überliefert durch Sueton, Divus Iulius, 33 (in der Form „Iacta alea est.")

Wie wird`s da dem Barsabas ergangen sein, dem Matthias vorgezogen wurde bei der Wahl, bei der Losentscheidung zu dem Apostelgremium dazu zu gehören? Was empfand der erwählte Matthias? Wir wissen es nicht, in der Lesung (Apg. 1,15-26) finden wir keine Notiz darüber. Nur, dass Matthias ab dann zugerechnet und anerkannt war.

Wie reagieren wir Menschen bei Entscheidungen? Oft sehr unterschiedlich, vielleicht auch manchmal enttäuscht. Wir können vermuten, dass es zur Zeit der Aposteljünger auch nicht anders war. Mit einem Unterschied: Die Apostel haben vor ihrer Entscheidung das Gebet gesucht.

Wenn wir heute beim Florianiempfang des NÖ Landesfeuerwehrverbandes eine heilige Messe feiern, dann beten wir. Jeder und jede wird seine Anliegen haben – unser Herr kennt die Herzen aller!

Heuer sagen wir unsere Bitten besonders vor einer Reliquie unseres Schutzpatrons, dem hl. Florian. Wir sind auf dem Weg in die Zukunft!

Im Feuerwehrwesen muss man immer nach vorne blicken, wir dürfen nicht stehen bleiben – sehr wohl aber inne halten, an die Kameraden von einst denken. Wir dürfen uns auch darüber freuen, was uns in der Feuerwehrgeschichte schon alles gelungen ist; wie wir mit dem Löscheimer angefangen haben Hab und Gut des Nächsten zu schützen, dass es einen F- und B-Dienst gab, der nun zur Katastrophenhilfe, zum Katastrophenschutz ausgebaut wurde. Wir sehen auch, dass hinter jedem Gerät, hinter jeder Entscheidung, Menschen stehen, die in einer außerordentlichen, möglicherweise belastenden, Situation stehen und agieren, agieren müssen zum Wohle unserer Mitmenschen. Und wo Menschen sind, da menschelt es eben ab und wann.

Wir begehen heute unseren Festtag bewusst, wir öffnen unsere Herzen und strecken die Hände zueinander aus. Die Würfel sind gefallen, in der Akzeptanz für unsere Institution Feuerwehr mit dem Gelöbnisspruch: Gott zur Ehr, dem Nächsten zur Wehr – Alea iacta est!

Florianiempfang 2012 – Schloss Hof

WEIHRAUCH

Liebe Mitfeiernde!
Heute feiern wir den Tag des hl. Florian, ein Festtag für uns Feuerwehrleute! Bei besonderen kirchlichen Festtagen verwenden wir Weihrauch, um den Festcharakter zu verdeutlichen, so auch heute.
Aber die besten Argumente, um zu feiern würden nichts nützen, wenn sie innerlich nicht treffen würden, wenn nichts vom Glauben aufginge und Leben nicht gespürt würde. Christus und seine Märtyrer entdeckten die vielfältigen Spuren des Lebens. Diese kann nur ein Mensch finden, der aufmerksam wahrnimmt, der Orte aufsucht, wo Gott näher ist, der die Dinge genauer betrachtet, um die Botschaft des Lebens herauszuhören.

Oft bete ich auch, in den Schwaden der Weihrauchwolke, des Weihrauchduftes: Mein Gebet steige auf zu dir, oh Herr! Da kann etwa auch ein Weihrauchkorn etwas von der Wahrheit des gewandelten Lebens erzählen, nämlich dass:
In Südarabien und in Somalia Bäume wachsen, die ein besonderes Harz in sich tragen. Es tritt nach außen, wenn der Baum verletzt wird. Das Harz fließt aus den Wunden der Bäume. An der Luft wird es hart. Es verschließt die Verletzungen und schützt so den Baum.
Beim Verbrennen entsteht balsamartiger Duft: eben Weihrauch. Weihrauchkörner sind hart gewordene Wunden. Jedes Korn hat seine eigene Größe, Form und Farbe. Jedes Korn ist für sich zu einem kleinen, harten Schutzpanzer geworden.
Wir selbst spüren das von Zeit zu Zeit ähnlich. Wenn wir enttäuscht oder verletzt werden, wenn wir schuldig werden, bleibt manchmal eine harte Stelle zurück. Häufig bleiben diese harten Stellen in uns verborgen. Denn, wir sehen sie nicht gerne an, suchen nicht nach ihnen.
Manche Menschen sagen, dass sie hart geworden sind in ihrem Leben: Die vielen Verletzungen haben sie hart gemacht.
Sie sind wie die Bäume, die sich mit festem Harz schützen, ihre Wunden abdecken.

Wenn das Harz der Bäume gesammelt und verbrannt wird, wird aus dem Wundharz ein wunderbarer Duft.
Der Weihrauch kann uns zeichenhaft zeigen: Das kleine, harte und unnachgiebige Weihrauchkorn ist nicht alles und nicht das Letzte. Die glühende Kohle macht es wieder weich, verwandelt es in wohlriechenden, leicht aufsteigenden Rauch.

Liebe Freunde liebe Kameraden,
am heutigen Festtag möge es uns durch den wohlriechenden Rauch gelingen, dass der Festcharakter des Tages im Mittelpunkt steht und wir nicht an unseren Narben, die es eben bei jedem gibt, hängen bleiben. Unser Schutzpatron, der hl. Florian, er möge uns bei den vielfältigen Spuren unseres Lebens begleiten und behüten!
Und so bete ich: Mein Gebet steige auf zu dir, oh Herr!

Florianiempfang des NÖ Landesverbandes im Stift Melk; 4. 5. 2013

ZUSAMMENGEHÖRIGKEIT

Wir sind heute in meinem Heimatkloster zusammengekommen um miteinander mit der Festmesse und dem anschließenden Festakt unseren Schutzpatron, dem hl. Florian, die Ehre zu geben! Mit Musik, Ehrenzug, Ehrengästen und Fahnenblock. Wappen, Banner, Fahnen sind Zeichen der Zusammengehörigkeit – damals wie auch heute: Gruppen, Vereine, Institutionen wie auch die Feuerwehr schmücken „ihre Sachen" mit einem Wappen, mit dem Korpsabzeichen. Auch Macht gehört dazu.

In unserer Melker Stiftskirche, im Fresko über dem Hochaltar, sieht man auf der einen Seite die alte deutsche Landsknechtsfahne – ihr gegenüber das Antlitz Christi im Schweißtuch der Veronika. Weltliche und geistliche Macht waren in der Barockzeit eng miteinander verbunden. Der Anspruch der Kirche ist die Botschaft Christi; der weltliche Anspruch ist das Gesetz.

Beide sind gleichberechtigt, beide müssen zusammenwirken. Kein Gegeneinander ist gefragt. Es ist nicht die Aufgabe der Kirche, in die Tagespolitik einzugreifen, es ist der Auftrag, alle positiven Kräfte zusammenzuführen zum Wohle der Gemeinde und der Feuerwehr.

Seien wir ehrlich: Wieviel Positives geht zugrunde weil es Neid, Eifersucht und vieles mehr gibt. Ist es nicht so, dass das Konkurrenzdenken hindert? Die Nachbarfeuerwehr hat schon wieder ein neues Einsatzfahrzeug (HLF 1) bekommen? Ein neues FF-Haus (wenn es überhaupt eines gibt)? Solche Sticheleien sind ein Rückschritt – führt das nicht weg vom Gemeinsamen? Alle Kräfte sind aufgerufen, einen gemeinsamen Lebensraum zu schaffen. Zusammenwirken!

Zeichen sind wichtig: Weltliche, wie auch religiöse Zeichen:
- Die Flamme des Heiligen Geistes
- unser Korpsabzeichen
- das Landeswappen (die vielen Gemeindewappen)
- das Schweißtuch der Veronika

Das Zeichen schlechthin, über alle Grenzen hinaus, das ist das Zeichen des Sieges – das Kreuz. Der, der am Kreuz hing, der wollte immer das Gemeinsame – und was wollen wir?

Florianiempfang 2014 - Festmesse im Stift Klosterneuburg 3.5.2014

FREIWILLIGKEIT

Der NÖ Landesfeuerwehrverband hat zu Ehren ihres Schutzpatrons zum Florianiempfang eingeladen. Seit einigen Jahren beginnt dieser festliche Tag auch mit einer heiligen Messe zu Ehren des hl. Florian. Heute sind wir zu Gast im Stift Klosterneuburg, an historischer Stätte! Dank an Hw. Abtprimas Bernhard Backovsky und seine Mitbrüder für die Gastfreundschaft! Warum sind wir der Einladung gefolgt? Was feiern wir heute? Jede und Jeder hat einen anderen Zugang. Die Florianimesse ist für mich wie ein Erntedankfest. Positives und Negatives wird zum Altar gebracht. Viele Einsätze wurden freiwillig von uns Feuerwehrleuten bewältigt. Für den Katastrophenschutz haben sich einige sogar Urlaub genommen. Nicht alles ist geradlinig verlaufen, im letzten Jahr. Auch persönliche Empfindlichkeiten kommen zu Tage.

Ich möchte heute eine eigene Erfahrung einbringen: In meinem Sachgebiet wurde vor kurzem eine Änderung beschlossen, ohne mit mir davor darüber zu reden – ich war eingeschnappt, gekränkt; die Worte: du bist uns so wichtig klangen wie Windhauch, Bla, bla ... Und dann, nach einer gewissen Zeit, fiel mir aus aktuellem Anlass der gute Papst Johannes XXIII. ein, der in sein Tagebuch schrieb: Johannes (Giovanni), nimm dich nicht so wichtig ... Wie wahr! Wir, ich, nehmen uns alle zu wichtig; in Kirche, Politik und halt auch bei der Feuerwehr. Ich bin immer mehr davon überzeugt, dass uns Bla-Bla-Sager nicht weiterbringen. Wo bleibt die Geradlinigkeit? (Kardinalstugenden: Gerechtigkeit – Mäßigung – Starkmut – Weisheit) Florian heißt übersetzt „der BLÜHENDE"! Unser Heiliger mit seinen Gefährten hat sich für die Sache Jesus eingesetzt – er blühte, ver-blühte für Christus. Dieser Gedanke, sich für eine gute Sache einzusetzen, für den Nächsten da zu sein, auch wenn es untereinander mal menschelt, das ist Motivation.

RETTEN – LÖSCHEN – FREIWILLIG sind mehr als Schlagwörter – sie sind uns Feuerwehrleuten Auftrag, gerade am heutigen Tag, den hl. Florian zu bitten, dass wir nie die gute Absicht, weswegen wir der FF beigetreten sind, zu vergessen. Vergessen wir das nicht!

Gott zur Ehr, dem Nächsten zur Wehr!! Amen

Florianiempfang 2015 (Raabs)

BESTÄNDIGKEIT UND STÄRKE

Wir sind, wie jedes Jahr, zusammengekommen um beim Florianiempfang des NÖ Landesfeuerwehrverbandes auch mit der heiligen Messe unseren Schutzpatron, den hl. Florian, zu ehren und damit all das in diesen Gottesdienst hineinzutragen, was uns seit dem Vorjahr wichtig wurde, was ist und was war; und auch, was sein wird ... Wir denken naturgemäß an die Einsätze in unseren Bezirken (Eiseinsatz im Waldviertel), in unseren Ortsfeuerwehren und auch länderübergreifend, gerade wenn wir heute am Zusammenschluss der Deutschen und der Mährischen Thaya Begegnung feiern, mit Gott und den Menschen. Wie waren die Begegnungen der letzten Zeit? Viele organisatorische Dinge führen die ehrenamtlichen FF-Funktionäre zu Begegnungen zusammen, nicht immer ist das einfach, nicht immer können wir „gut drauf" sein, finden nicht immer die richtigen Worte.

„Constantia et fortidudine" durch Beständigkeit und Stärke so der Leitspruch von Kaiser Karl VI. Durch Beständigkeit in unserem Leben, auch in unserem Glaubensleben, können wir als Menschen im Dienst am Nächsten überzeugen und an unsere Feuerwehrjugend weitergeben. 1973 trat ich der Jugendfeuerwehr bei, seitdem hat sich technisch, organisatorisch viel getan, aber eines ist gleich geblieben; dass Jugendliche zu Menschen aufschauen, die ihnen Vorbilder sein können. Ich denke heute noch gerne an meine Jugendführer von damals zurück, sie zeigten und lernten uns, was Kameradschaft bedeuten kann.

Der hl. Florian, hat nicht nur Beständigkeit, sondern auch Stärke – Glaubensstärke – bewiesen, als er für Christus den Märtyrertod fand. Wir bringen unserem Schutzpatron gerade in den Tagen um den 4. Mai stets ehrend in Erinnerung. Was würde ER uns heute sagen wollen? Möglicherweise: „Lass mich dich lernen, dein Denken und Sprechen, dein Fragen und Dasein, damit ich daran die Botschaft neu lernen kann, die ich dir zu überliefern habe."

Hemmerle, Klaus: „Was fängt die Jugend mit der Kirche an? Was fängt die Kirche mit der Jugend an?", in: Internationale Katholische Zeitschrift 12 (1983) 306-317, hier: 309.

Florianiempfang 2016 – Wahl

LANGER ATEM

Wenn wir heute beim Florianiempfang des NÖ Landesfeuerwehrverbandes auf dem Göttweiger Berg eine heilige Messe feiern, dann sind wir zusammengekommen, um zu beten!
Jeder und jede wird seine Anliegen haben – unser Herr schaut in die Herzen aller! Da gibt es kein Täuschen ...

Ein Florianjahr zieht seinen Kreis – Panta rhei (altgr. πάντα ῥεῖ) „alles fließt".
Wir lassen Revue passieren und blicken in die Feuerwehr-Zukunft!
Auch wenn die Wahlen im NÖ Landesfeuerwehrverband schon Geschichte sind, so möchte ich dennoch kurz darauf eingehen.
Auch wenn die Würfel längst gefallen sind, so sind es immer Menschen in unseren Feuerwehren, die sich freiwillig für die Sache Florians einsetzen, je nach ihren Begabungen, und es gibt seit dem Frühjahr neue Gesichter, altbewährte und eben auch jene Augen, die durchgefallen sind, nicht mehr in ihren Funktionen gewählt oder bestimmt wurden – warum auch immer – „Alea iacta est." Die Würfel sind gefallen.
Denken wir an den Text der heutigen Lesung:
Wie wird es da dem Barsabas ergangen sein, dem Matthias vorgezogen wurde bei der Wahl? Was empfand der erwählte Matthias? Wir wissen es nicht, in der Lesung (Apg. 1,15-26) finden wir keine Notiz darüber. Nur, dass Matthias ab dann zugerechnet und anerkannt war.
Wie reagieren wir Menschen bei Entscheidungen? Oft sehr unterschiedlich, vielleicht auch manchmal enttäuscht.
Und wo Menschen sind, da menschelt es eben ab und zu.
Wir können vermuten, dass es zur Zeit der Aposteljünger auch nicht anders war, als heute.
Mit einem Unterschied: Die Apostel haben vor ihrer Entscheidung das Gebet gesucht. Darum feiern wir heute Gottesdienst!

Im Feuerwehrwesen muss man immer nach vorne blicken, wir dürfen nicht stehen bleiben und dazu ist der ehrliche Wille aller Feuerwehrmitglieder zum GEMEINSAMEN erforderlich, am heutigen Tag halten wir inne – die Hände zueinander ausgestreckt, eben Handschlagqualität!

Wir spüren, dass hinter jedem Gerät, hinter jeder Entscheidung Menschen stehen, die in einer außerordentlichen, möglicherweise belastenden Situation stehen und agieren, zum Wohle unserer Mitmenschen.

Das ist der Geist, den wir in uns wirken lassen sollten, der uns immer einen langen Atem schenkt.

Jesus hängte dem hl. Florian und seinen Gefährten keinen Orden an die Brust, stufte sie in keine höhere Gehaltsgruppe ein, beförderte sie nicht auf den oberen Posten, verlieh ihnen keinen Titel – aber er gab ihnen seinen langen Atem. (Quelle unbekannt)

Diesen Atem Gottes wünsche ich uns immer wieder im Alltagsgeschehen, besonders in der Tätigkeit in unserem Feuerwehrwesen denn: Gott zur Ehr, dem Nächsten zur Wehr!

ATEM GOTTES

Jedes Jahr kommen wir um den Gedenktag des hl. Florian zusammen um für das abgelaufene Feuerwehrjahr zu danken und für die Zukunft Gottes Segen erbitten. Was war los im abgelaufenen Feuerwehjahr? Was war schön, was war schmerzlich? Worüber waren wir besonders traurig?

Auf die Zukunft schauen, nicht am Wissensstand und Ausbildungsstand stehen bleiben, das ist die Devise für das Feuerwehrwesen NÖ. Das merken wir momentan ganz deutlich bei unserem guten Nachwuchs in BV.

„Der Mensch ist die Summe seiner Erfahrungen" las ich dieser Tage auf einer neugestalteten Homepage: In der FF Schule in Tulln wurde am Mittwoch eine neue Zentral-Atemschutzwerkstätte eröffnet und gesegnet. Auch unser Atemschutzwart in BV ist engagiert für unsere Wehr und darüber hinaus. Viele Atemschutzträger haben ihre Erfahrung bei Einsätzen gemacht. Jede Einsatzerfahrung bringt einen Lerneffekt mit sich, auch für die Technik.

Mit unserem Mensch-Sein und mit unseren Gerätschaften kommen wir dem Nächsten zur Hilfe, stehen ihm bei. Besonders bei belasteten Einsätzen ist es von Bedeutung, sich selbst richtig einzuschätzen, darauf zu achten, dass einem der ATEM nicht ausgeht, dass genug Luft – Sauerstoff – in den Atemschutzflaschen vorhanden ist und ich auch richtig atme.

In unserem Alltag (Politik – Feuerwehrwesen – Arbeitsgeschehen) soll uns der Atem auch nicht ausgehen. Die jährliche Florianimesse dient dazu innezuhalten, Gott nicht zu vergessen, denn ohne ihn wären wir nichts. Gott schenkte uns Menschen die Freiheit, selbst zu entscheiden. Das ist es ja auch, was unserer menschliches Zusammenwirken oft so „prickelnd" macht.

Nicht nur im Einsatz ist es „gscheit", auf Erfahrung zu achten, auch beim Gebet tut sie uns gut; darum beten wir heute:

Atme in mir, Heiliger Geist!
Atme in mir, du Heiliger Geist, dass ich Heiliges denke.
Treibe mich, du Heiliger Geist, dass ich Heiliges tue.
Locke mich, du Heiliger Geist, dass ich Heiliges liebe.
Stärke mich, du Heiliger Geist, dass ich Heiliges bewahre.
Hüte mich, du Heiliger Geist, dass ich das Heilige niemals verliere.

(dem hl. Augustinus zugeschrieben)

Diesen Atem Gottes wünsche ich uns immer wieder im Alltagsgeschehen, besonders in der Tätigkeit in unserem Feuerwehrwesen denn: Gott zur Ehr, dem Nächsten zur Wehr!

Florianiempfang 2018 3.5.18 Laxenburg

SEMPER PARATUS – ALLZEIT BEREIT

... und das bereits 150 Jahre im NÖ Landesfeuerwehrverband! (eigentlich sogar schon länger)
Aus diesem Anlass kommen wir jedes Jahr zusammen um unseren Floriani-Dankgottesdienst zu feiern. Dank und Bitte, Freud und Leid, auch Betroffenheit und Traurigkeit, dass so mancher nicht mehr unter uns weilt, schwingen heute mit (wir haben vor Ostern einen Kameraden in der eigenen Feuerwehr durch Suizid verloren).
Reine, ehrliche Absicht im Feuerwehrwesen, für eine Organisation, ist das Grundprinzip für deren Erhalt, für ihre Beständigkeit.
Die Prinzipien haben sich über all die Jahre nicht verändert. Kameradschaft, gegenseitige Achtung, Funktionstätigkeit und Erfüllung der Aufgabenstellung sind einige Leitlinien unserer Arbeit. Natürlich bleiben wir nicht stehen. Unsere Feuerwehren bilden sich stets weiter. Das Basiswissen, der Leitfaden für aktuelle Ausbildung, wurde neu aufgestellt, orientiert sich an der neuesten Technik (HLFs, Atemschutzzentrum, Katastrophenschutzhalle ...) es wird versucht, den modernsten Ausbildungsstand zu halten. Ähnlich den christlichen Werten, ohne die geht's auch nicht. Der gesunde Geist ist gefragt!
Ist es nicht eine schöne Aufgabe, junge Menschen zum Gemeinschafts-Sinn, auch als Aufgabe, hinzuführen? „Einer für alle – alle für einen" hab ich mit schönster Schrift in mein Jugendfeuerwehrbuch eingeschrieben. Wir sind gefordert, das vorzuleben.
Alle sind wir Menschen, mit guten Eigenschaften und auch mit weniger guten Seiten an uns. Aus Fehlern kann man lernen, es ist wichtig, dass wir nicht kapitulieren und unsere Hände in den Schoß legen. Vielleicht, wenn`s manchmal nicht so geht wie wir es wollen? Egoismus soll bei uns keinen Platz haben! Von der heutigen egoistischen Gesellschaft, davon können wir uns als Feuerwehr unterscheiden – der Grundgedanke „Gott zur Ehr dem Nächsten zur Wehr" –darin liegt der Unterschied.
Darum weiterhin: Semper paratus – allzeit bereit!!

Florianiempfang 2023 - Leobersdorf 3. Mai 2023

WERTSCHÄTZUNG

Immer wenn wir zu unserer Landes-Florianimesse zusammenkommen, dann ist es auch ein Nachdenken über das vergangene Feuerwehr-Jahr – wir feiern sozusagen Erntedank; wir sagen heute DANK im Wissen, dass nicht alles selbstverständlich ist. Viele von uns haben die Pandemie und einiges darüber hinaus gut überstanden, sodass wir fast in den Normalitätsmodus übergehen können.

Bei den Einsätzen waren und sind unsere Feuerwehren präsent, Übungen, Fortbildungen und Zusammenkünfte können wieder abgehalten werden, und auch Feste können freudig gefeiert werden.

Auch den neuen Herausforderungen wie Klimaerwärmung und Waldbrandbekämpfung müssen uns wir als Feuerwehr stellen.

Panta rhei – alles fließt, ist in Bewegung – wir als Menschen dürfen nicht stehen bleiben!

Und in unserem Zusammenleben passieren in der Hektik des Alltags auch Kränkungen, besonders arg empfinde ich es, wenn solche Kränkungen absichtlich in den Weg gelegt werden, warum auch immer …

Weil wir enttäuscht, möglicherweise übermäßig beleidigt wurden und uns gedemütigt fühlen.

Im Jänner dieses Jahres hatten wir Feuerwehrkuraten eine österreichweite Fortbildung mit Dr. Reinhard Haller (Psychiater aus Feldkirch), der uns sehr eindrucksvoll zur Kränkung „Das Wunder der Wertschätzung" gegenüberstellte.

Jetzt ehrlich: Wem von uns tut ein Lob, ein aufmunterndes Wort, nicht gut? Wenn uns Vertrauen, Liebe , Anerkennung entgegen gebracht wird – auch im Einsatz – dann „rennen wir wie a Glöckerl"! – Wer seinem Nächsten, dem Kamerad, Anerkennung zeigen kann, der hat Führungskompetenz.

„Die tiefere Ursache allen Übels ist der Neid" meint Dr. Haller und „weniger werten und mehr wertschätzen führt zum Mehrwert für alle" (Peter F. Keller)

Und wegen dem Mehrwert für alle, darum kommen wir jedes Jahr bewusst um Floriani zusammen; wir erinnern uns an den hl. Florian und seiner Gefährten, die sich nicht unterkriegen haben lassen, zu Christus weiterhin gestanden sind, obwohl sie dafür ihr Leben lassen mussten.

Liebe Mitfeiernde,
wenn wir heute nach dem Feiern – kirchlich wie weltlich – auseinander gehen, dann möge es uns wenigstens eine Zeitlang besser gelingen, mehr an Wertschätzung in unserem Umfeld weiterzugeben.
Gott zur Ehr dem Nächsten zur Wehr!

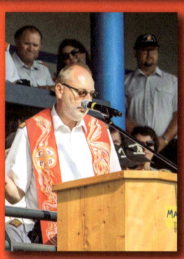

Feuerwehrjugend
Jugend-Leistungsbewerbe

42. Landestreffen der Feuerwehrjugend NÖ - 2014

Mit 5232 Lagerteilnehmern erreichte das diesjährige Landesjugendlager in Schönkirchen-Reyersdorf seinen Höchststand in der bisherigen Feuerwehr-Geschichte. (Begegnungen in den Unterlagern; Bunter Abend)

Geschichte: Die Frösche in der Milch
Einmal, in der Sommerhitze, trocknete ein Tümpel aus, in dem zwei Frösche lebten. Als alles Wasser verdunstet war, verließen sie den Tümpel und wanderten fort. Doch so weit sie auch gingen, sie fanden keinen Bach und keinen Teich. Schon halb verdurstet kamen sie zu einem Bauernhof und entdeckten in der Speisekammer einen Topf mit frischer fetter Milch.

Die Frösche konnten ihr Glück kaum fassen, sie hüpften hinein und tranken, dass es schmatzte. Als sie satt waren, wollten sie wieder heraus. Sie schwammen zum Rand des Kruges, doch weil sie so viel getrunken hatten, kamen sie nicht mehr an ihn heran, sosehr sie auch hampelten und strampelten. Viele Stunden mühten sie sich vergeblich ab. Schließlich waren sie so erschöpft, dass sie ihre Beine kaum noch bewegen konnten.

Da sagte der eine Frosch: „Was hilft es, wenn wir uns plagen. Es ist aus!" Damit ließ er sich zu Boden sinken und ertrank. Der zweite Frosch aber gab die Hoffnung nicht auf. Er schwamm und strampelte die ganze Nacht, und als am nächsten Morgen die Sonne in die Kammer schien, saß der Frosch auf einem Butterklumpen. Er nahm all seine Kraft zusammen, sprang aus dem Krug und war gerettet.

Wer nicht aufgibt, auch wenn alles hoffnungslos zu sein scheint, der wird dafür belohnt. So ist es auch mit unserem Zusammenleben, so ist es auch in der Jugendgruppe; wie oft müssen wir strampeln und dann es geht weiter, entsteht GEMEINSCHAFT und auch KAMERADSCHAFT wieder neu…

Segensgebet:
Wir schauen nach oben und nach unten,
nach links und nach rechts.
Wer wird uns tragen, wenn wir unterwegs sind,
nicht weiterkommen und Gefahr droht?
Seid unbesorgt. Gott beschützt Euch.
Er steht an Eurer Seite und behütet Euer Leben, wenn Ihr fortgeht und wieder nach Hause kommt – alle Tage.
Amen.

Mit über 5.000 Lagerteilnehmern habt ihr in den letzten Tagen hier in Wolfsbach im schönen Mostviertel mit Begeisterung euren Beitrag für das Feuerwehrwesen geleistet, Ihr seid die Zukunft. Denkt kurz nach, wo es gehapert hat, wo vielleicht Streit aufgetaucht ist. – Wir wollen im Herzen um Verzeihung bitten.

Geschichte: Die drei Siebe
Ganz aufgeregt kam ein Mann zu einem Weisen gerannt: „Ich muss dir etwas erzählen. Dein Freund …"
Der Weise unterbrach ihn: „Halt!" Der Mann war überrascht.
„Hast du das, was du mir erzählen willst, durch die drei Siebe gesiebt?", fragte der Weise.
„Drei Siebe?", wiederholte der Mann verwundert.
„Richtig, drei Siebe! Lass uns prüfen, ob das, was du mir erzählen willst, durch die drei Siebe passt. Das erste Sieb ist die Wahrheit. Ist das wahr, was du mir erzählen willst?"
„Ich habe es selber erzählt bekommen und …"
„Na gut. Aber sicher hast du es mit dem zweiten Sieb geprüft. Das zweite Sieb ist das der Güte. Wenn es nicht sicher wahr ist, was du mir erzählen möchtest, ist es wenigstens gut?"
Zögernd antwortete der Mann: „Nein, im Gegenteil …"
„Dann", unterbrach ihn der Weise, „lass uns auch noch das dritte Sieb anwenden. Ist es wichtig und notwendig, es mir zu erzählen, was dich so aufregt?"
„Wichtig ist es nicht und notwendig auch nicht unbedingt."
„Also mein Freund", lächelte der Weise, „wenn das, was du mir erzählen willst, weder wahr noch gut noch notwendig ist, so lass es lieber sein und belaste dich und mich nicht damit."

(Verfasser unbekannt)

Die Botschaft in dieser Geschichte, nicht nur bei der Feuerwehr, nicht nur bei der Jugend: Es ist besser, etwas nicht unreflektiert weiterzuerzählen – zum eigenen und zum Wohle der anderen.
Deshalb benutzt möglichst die drei „Filter" zur Prüfung für das Zusammenleben, es hilft der Kameradschaft und fördert die Gemeinschaft!

Jugendlager 2016

Über 5.500 Teilnehmer beim 44. Landesjugendlager in Amstetten! Super, tolles Gemeinschaftsgefühl – zumindest die meiste Zeit. Wie ist es euch gegangen? Beim Wettkampf, beim Zusammenleben in den Unterlagern, im großen Ganzen? Gerade beim Wettkämpfen merkt man, wie wichtig jeder einzelne dabei ist.

Dazu eine Geschichte: „Du bist wertvoll!" – eine kluge Geschichte. Wir konnten leider keinen Urheber/Verfasser/Autor finden.

„Ein Feuerwehrfunktionär startete ein Seminar, indem er 40 EURO hoch hielt. In dem Raum saßen insgesamt 200 Leute.

Er fragte: „Wer möchte diese Scheine haben?" Alle Hände gingen hoch.

Er sagte: „Ich werde diese 40 EURO einem von euch geben, aber zuerst mach ich noch eins." Er zerknitterte die Banknoten.

Dann fragte er: „Möchte diese immer noch einer haben?"

Die Hände waren immer noch alle oben.

Also erwiderte er: „Was ist, wenn ich dieses Geld auf den Boden werfe es mit Schuhen am dreckigen Boden haue und zertrete? Nun, wer möchte es jetzt noch haben?" Es waren immer noch alle Arme in der Luft.

Dann sagte er: „Liebe Freunde, wir haben soeben eine sehr wertvolle Lektion gelernt. Was auch immer mit dem Geld geschah: Ihr wolltet es haben, weil es nie seinen Wert verloren hat. Es war immer 40 EURO wert.

Es passiert oft in unserem Leben, dass wir abgestoßen, zu Boden geworfen, zerknittert, und in den Dreck geschmissen werden. Das sind Tatsachen aus dem alltäglichen Leben. Dann fühlen wir uns, als ob wir wertlos wären. Aber egal was passiert ist oder was passieren wird:

DU wirst niemals an Wert verlieren. Schmutzig oder sauber, zerknittert oder fein gebügelt, DU bist immer noch unbezahlbar für all jene, die dich über alles lieben.

Der Wert unseres Lebens wird nicht durch das bewertet, was wir tun oder wen wir kennen, oder wie wir aussehen ... sondern dadurch wer Du bist. Gerade bei der Feuerwehrjugend.

Du bist besonders und wertvoll – vergiss das niemals! Und denk' daran: Einfache Leute haben die Arche gebaut, Fachmänner die Titanic. Ihr seid unsere Zukunft!

Jugendlager 2017 Neuhofen

5.580 Teilnehmer nahmen beim 45. Landestreffen der NÖ Feuerwehrjugend hier in Neuhofen/Ybbs teil. Super, tolles Gemeinschaftsgefühl – zumindest die meiste Zeit. Der Höhepunkt ist heute die Siegerverkündung der Feuerwehrjugendbewerbe. Wie ist es euch beim Wettkampf, beim Zusammenleben in den Unterlagern, beim Bunten Abend, bei Begegnungen in der Hitze ergangen? Denkt kurz nach, wo es gehapert hat, wo vielleicht Streit aufgetaucht ist – wir wollen im Herzen um Verzeihung bitten, nicht nur der Gemeinschaft wegen.

Frage: Warum macht ihr das mit, für wen nehmt ihr die Strapazen auf euch? Dazu eine Geschichte, eine chassidische Erzählung. Unter „Chassidismus" versteht man eine fromme Bewegung im Judentum.

Für wen gehst du?
In der Stadt, wo Rabbi Naftalie lebte – so beginnt die chassidische Erzählung – pflegten die Reichen, deren Häuser einsam oder am Stadtrand lagen, Männer anzustellen, die nachts über ihren Besitz wachen sollten. Als Rabbi Naftali eines Abends spät spazieren ging, begegnete er solch einem Wächter, der auf und nieder ging. „Für wen gehst du?" fragte er ihn. Der gab bereitwillig Bescheid, fügte aber dann die Gegenfrage dran: „Und du, Rabbi, für wen gehst du?"

Das Wort traf ihn wie ein Pfeil: „Noch gehe ich für niemanden", brachte er nur mühsam hervor. Dann schritten beide langsam schweigend nebeneinanderher. Schließlich fragte der Rabbi den Wächter: „Wärest du bereit, mein Diener zu werden?" „Das will ich gerne tun", antwortete der Wächter, „aber was habe ich zu tun?" – „Mich zu erinnern", sagte der Rabbi, „mich daran zu erinnern, dass ich mich regelmäßig frage, für wen ich gehe."

Liebe junge Freunde, für wen geht Ihr zur Feuerwehr? Weil ihr von Freunden überredet wurdet? Weil es „geil" ist in dieser Gemeinschaft dabei zu sein oder weil ihr die Gemeinschaft schätzt, weil ihr spürt, da kann ich für andere Menschen da sein – ihnen in Notsituationen helfen?

Diese Tage in Neuhofen sollen euch Jungen und auch uns Ältere daran erinnern, dass wir für den Nächsten da sein wollen. Dafür GEHE ich – zur Feuerwehr! Habt bis zum nächsten Landestreffen viel Freude, und denen, die in der Zwischenzeit aktiv werden, eine gute Erinnerung an die Zeit bei der Feuerwehrjugend und weiterhin viel Begeisterung „beim Gehen für unsere Nächsten"!

Jugendlager 2018 St Ägyd

5.529 Teilnehmer nahmen beim 46. Landestreffen der NÖ Feuerwehrjugend hier in St. Aegyd am Neuwalde teil. Super, tolles Gemeinschaftsgefühl – zumindest die meiste Zeit – trotz des Regens.

Der Höhepunkt ist heute die Siegerverkündung der Feuerwehrjugendbewerbe …

Wie ist es euch beim Wettkampf, beim Zusammenleben in den Unterlagern, beim Bunten Abend, bei Begegnungen im Regen und Sonnenschein ergangen? Denkt kurz nach, wo es gehapert hat, wo vielleicht Streit aufgetaucht ist – wir wollen im Herzen um Verzeihung bitten, nicht nur der Gemeinschaft wegen.

KYRIE: Herr erbarme dich – Christus erbarme dich – Herr erbarme dich

Wie geht es euch zu Hause, wie war es hier: habt ihr mit „Köpfchen", also mit Weisheit, gehandelt, auf euer Inneres gehört?

Dazu eine Geschichte: **Das Versteck der Weisheit**

Vor langer Zeit überlegten die Götter, dass es sehr schlecht wäre, wenn die Menschen die Weisheit des Universums finden würden, bevor sie tatsächlich reif genug dafür wären. Also entschieden die Götter, die Weisheit des Universums so lange an einem Ort zu verstecken, wo die Menschen sie solange nicht finden würden, bis sie reif genug sein würden.

Einer der Götter schlug vor, die Weisheit auf dem höchsten Berg der Erde zu verstecken. Aber schnell erkannten die Götter, dass der Mensch bald alle Berge erklimmen würde und die Weisheit dort nicht sicher genug versteckt wäre. Ein anderer schlug vor, die Weisheit an der tiefsten Stelle im Meer zu verstecken. Aber auch dort sahen die Götter die Gefahr, dass die Menschen die Weisheit zu früh finden würden.

Dann äußerte der weiseste aller Götter seinen Vorschlag: „Ich weiß, was zu tun ist. Lasst uns die Weisheit des Universums im Menschen selbst verstecken. Er wird dort erst dann danach suchen, wenn er reif genug ist, denn er muss dazu den Weg in sein Inneres gehen."

Die anderen Götter waren von diesem Vorschlag begeistert und so versteckten sie die Weisheit des Universums im Menschen selbst.

(Verfasser/Autor: Unbekannt) – gefunden auf http://www.zeitzuleben.de

Liebe junge Freunde,
Wofür schlägt euer Herz heute? Wen habt ihr beim Lagerleben getroffen, war eine gute Gemeinschaft? Die oder den würdet ihr gern wieder sehen…

Wenn die Ferien vorbei sind, ist wieder Alltagsleben, auch bei der eigenen Wehr; da gibt es sicher Momente wo ihr nicht so gut drauf seid, vielleicht „Scheiß drauf" seid. Die Gefahr ist groß, den anderen die Schuld dran zu geben; und jetzt meine Bitte: Erinnert euch dann an die Geschichte, an Begegnungen von heute. Es geht immer auch um mich, mein Handeln, seid weise und hört gut auf euer Herz.

Diese Tage sollen euch Junge und auch uns Ältere daran erinnern, dass wir für den Nächsten da sein wollen.

Dafür schlägt mein Inneres, mein Herz – für die Feuerwehr!

Habt bis zum nächsten Landestreffen viel Freude, und denen die in der Zwischenzeit aktiv werden, eine gute Erinnerung an die Zeit bei der Feuerwehrjugend und weiterhin viel Begeisterung und Herzblut für unser Feuerwehrwesen.

GUT WEHR!

Jugendlager 2019 Mank

5.708 Teilnehmer nahmen beim 47. Landestreffen der NÖ Feuerwehrjugend hier in MANK teil. Super, tolles Gemeinschaftsgefühl – zumindest die meiste Zeit – und vor allem, wenn die Sonne scheint.

Der Höhepunkt ist heute die Siegerverkündung der Feuerwehrjugendbewerbe, davor wollen wir auch an die Werte, an das, was uns verbindet – über unsere Religion hinaus – nachdenken, in Erinnerung rufen.

Wie ist es euch beim Wettkampf, beim Zusammenleben in den Unterlagern, beim Bunten Abend bei Begegnungen bei Regen und Sonnenschein ergangen – Kurz nachdenken wo es gehapert hat, wo vielleicht Streit aufgetaucht ist – Wollen im Herzen um Verzeihung bitten, nicht nur der Gemeinschaft wegen.

KYRIE: Herr erbarme dich – Christus erbarme dich – Herr erbarme dich

Jeder Mensch ist dazu bestimmt, zu leuchten!
(Nelson Mandela, ehem. Staatspräsident Südafrika, Antrittsrede 1994)

„Unsere tiefgreifendste Angst ist nicht, dass wir ungenügend sind, unsere tiefgreifendste Angst ist, über das Messbare hinaus kraftvoll zu sein. Es ist unser Licht, nicht unsere Dunkelheit, die uns am meisten Angst macht.

Wir fragen uns: Wer bin ich – um mich brillant, großartig, talentiert, phantastisch zu nennen?

Aber wer bist Du, Dich nicht so zu nennen?
Du bist ein Kind Gottes.
Dich selbst klein zu halten, dient nicht der Welt.
Es ist nichts Erleuchtetes daran, sich klein zu machen, damit andere um Dich herum sich nicht unsicher fühlen.
Wir sind alle bestimmt, zu leuchten, wie es die Kinder Gottes tun.
Wir sind geboren worden, um den Glanz Gottes, der in uns ist, zu manifestieren.
Dieser Glanz ist nicht nur in einigen von uns, er ist in jedem einzelnen.
Und wenn wir unser Licht erstrahlen lassen, geben wir unbewusst anderen Menschen die Erlaubnis, dasselbe zu tun.
Wenn wir uns von unserer Angst befreit haben, wird unsere Gegenwart ohne unser Zutun andere befreien."

Liebe junge Freunde!
Stellt ihr euch manchmal die Frage, wer bin ich, was wird aus mir werden? Die verschiedensten Vorstellungen kreisen in euren und in unseren Köpfen. Ich habe Sorge/Angst – was wird aus mir werden ...
Heute bei diesem wunderbaren Gemeinschaftserlebnis der letzten Tage, da spürt ihr Kraft, „könnt der Welt ein Loch hauen", ihr wart brillant. Und dann kommt der Alltag zu Hause, nicht immer ist im Leben alles Sonnenschein. Ich möchte euch ermuntern: Übersehet eure Talente nicht, jeder von euch hat eine gute Gabe, ist für irgendetwas Besonderes talentiert.
Ihr alle auf diesem Platz seid begeistert vom Feuerwehrwesen, sonst wäret ihr nicht hier, erhaltet euch diese Begeisterung, strebt nach guter Ausbildung und Fortbildung. Nützt eure Begabungen – auch für eure Feuerwehr daheim.
Diese Tage sollen euch Jungen und auch uns Ältere daran erinnern, dass wir für den Nächsten da sein wollen.
Dafür möchten wir leuchten – für die Feuerwehr!
Habt bis zum nächsten Landestreffen viel Freude, und denen die in der Zwischenzeit aktiv werden, eine gute Erinnerung an die Zeit bei der Feuerwehrjugend und weiterhin viel Begeisterung und Leuchtkraft für unser Feuerwehrwesen.
Habt noch schöne Ferien und GUT WEHR!

Landesfeuerwehr Leistungsbewerbe

Freundschaft und Demut

Pflegen sie Freundschaften, Kameradschaft?

Diese Tage der Berwerbe sind geprägt von Kameradschaft. Die Vorbereitungen zu den 55. Landesbewerben hier in Traisen waren und sind geprägt von Zusammenarbeit; viele zogen an einem Strang.
Auch bei den einzelnen Berwerbsgruppen war der Zusammenhalt wichtig. Die Gruppe ist die kleinste Feuerwehreinheit die zusammenhalten muss, um an das Ziel zu kommen. Ob es jetzt die Gruppe des Landesfeuerwehrrates oder die Gruppe aus Bad Vöslau ist ... – Zeichen der Freundschaft werden ausgetauscht, man versteht sich. Und was ist übermorgen?

Auch Jesus bietet uns seine Freundschaft an, immer wieder neu. In aller Demut bietet er sich an.
Demut – heutzutage ein Wort, das oft mit Schwäche und Abhängigkeit in Verbindung gebracht wird. In Wirklichkeit aber ist Demut eine zutiefst positive Haltung. Sie kennzeichnet die Grundhaltung des Menschen für sein Zusammenleben mit den Mitmenschen und seine Haltung gegenüber Gott. Wenn Demut, eine Qualität der Liebe, die Grundhaltung des Menschen für sein Verhältnis zu den Mitmenschen und für seine Beziehung zu Gott ist, dann befähigt sie zur Selbstlosigkeit und befreit von jeder Art von Arroganz oder Verurteilung des anderen. Denn ohne Selbstlosigkeit ist der Mensch kein Mensch. Selbstlos zu sein, für den NÄCHSTEN da zu sein, das ist von uns Feuerwehrleuten das höchste Ideal – ab und wann schaffen wir es in der Gruppe, in unseren eigenen Feuerwehren?

Der Dichter Dostojewsky drückt sich über die sanfte Macht der Demut literarisch so aus:
Soll man es mit Gewalt anfassen – oder mit demütiger Liebe?
Entscheide dich immer für die demütige Liebe.
Wenn du dich ein für allemal dazu entschlossen hast,
so wirst du die ganze Welt bezwingen!

BERUFUNG

Wir feiern heute den Festgottesdienst anlässlich des 57. NÖ Landesfeuerwehrleistungsbewerbs! Feuerwehrmann/Feuerwehrfrau, Mitglied der Feuerwehrjugend kann man NUR aus Berufung sein!
Berufung haben, nicht irgendeinen Job erfüllen – berufen zu sein in unserem Leben, für etwas einstehen – auf den Ruf hören – ist etwas Wunderbares. Neue Wege, neue Berufungen sind im Zeitgeist von heute schnell gesagt, aber über Berufung nachzudenken heißt, nicht stehen bleiben, heißt auch, sich verändern, immer wieder neu aufzubrechen. Aufbruch heißt auch von so manchem Abschied zu nehmen. Das ist auch mit Schmerzen verbunden, in jeder Gemeinschaft, Organisation, sei es Feuerwehr, Kirche oder Politik.
Es führt uns nicht weiter, wenn wir den alten Zeiten nachtrauern. Richten wir unseren Blick nach vorne. Denn einzig und allein zählt, dass wir die Botschaft Jesu verstehen und auch leben, nicht nur dann, wenn´s mir gerade passt und ich vielleicht das Bedürfnis habe ein wenig fromm und aktiv zu sein. Berufen zu sein heißt, jederzeit bereit zu sein, auch im Alltag, auch vor der Kirchentür. So wie der hl. Florian. Vor allem heißt es, dann bereit zu sein, wenn Gefahr im Verzug ist, wenn der Nächste Hilfe braucht, nicht zu schauen, wer ist das? Wir müssen uns einlassen, ein Wagnis eingehen! Wag es!

Wag es! – drängt mich die Kühnheit.
Es kann schief gehen, Du kannst dich blamieren! – warnt mich die Vorsicht.
Fang an– Es kann eine Chance sein! – flüstert die Hoffnung.
Es hat keine Zweck, Du schaffst es nicht! – raunen die Enttäuschungen.
Ist es der Mühe wert? – fragen und überleben die Gedanken.
Alles hat immer zwei Seiten. – geben die Erfahrungen zu bedenken.
Wenn du es wagst, musst du es nicht allein durchstehen –
erinnert der Glaube.
Halte dich an Gott – rät das Vertrauen.
Wag es!

FF-Landesbewerb 2008 Amstetten

SCHLÜSSELFIGUREN

Es fügt sich, dass am 29. Juni der Gedenktag der Apostel Petrus und Paulus begangen wird – am gleichen Tag, an dem wir unseren Festgottesdienst anlässlich des 58. NÖ Landesfeuerwehrbewerbs feiern.

Die beiden Apostel waren zwei recht unterschiedliche Gestalten: Der eine ist einfacher Fischer und Begleiter des irdischen Jesus von der Taufe im Jordan an. Schon früh tritt er als Wortführer der Jünger und Jüngerinnen Jesu in Erscheinung. Der andere, ein theologisch gebildeter Zeltmacher, ist zuerst ein fanatischer Gegner der Jesusanhänger und wird erst durch sein „Damaskuserlebnis" zum Apostel des auferstandenen Christus. Der eine gilt als „Fels" der Kirche (Matthäus 16,18), der andere als der große Künder der christlichen Freiheit. Beide gehören zum Fundament unserer Kirche.

Obwohl sie miteinander an einem Strang ziehen, obwohl sie die Frohe Botschaft verkündeten, hatten sie miteinander Streit, vermutlich waren sie auch aufeinander eifersüchtig und dennoch gehörten sie zusammen wie Pech und Schwefel – letztendlich konnten sie sich noch zu Lebzeiten versöhnen, „zusammenraufen".

Auf einmal zählt nicht mehr, für wen werde ich gehalten, wer ist der Bessere!

Nur Miteinander konnten Petrus und Paulus etwas bewegen, nur miteinander können wir gute Feuerwehrarbeit umsetzten und dann auch aufzeigen.

Liebe Gottesdienstgemeinschaft!
Auch im Feuerwehrwesen gibt es (angeblich) manchmal einen Rangstreit, wir eifern wenn jemand ein „Sternderl" mehr hat als ich, mehr Gold tragen darf als ich – was braucht es oft nicht alles, bis wir an einem Seil, an einem Strang ziehen.
Bei dein Einsätzen sind wir super unterwegs und bei Kleinigkeiten werden wir „Mimoserln" und dann haperts, dann menschelts schon sehr.
Gemeinsam sind wir stark!
Schlüsselfigur für „meine" Feuerwehr, für das Reich Gottes, das sind wir alle.
Es ist wichtig, dass wir aufeinander hören und auch dem Geist von oben keine Grenzen setzen.

O komm, du Geist der Wahrheit,
und kehre bei uns ein,
verbreite Licht und Klarheit,
verbanne Trug und Schein.
Gieß aus dein heilig Feuer,
rühr Herz und Lippen an,
dass jeglicher Getreuer
den Herrn bekennen kann.

Philipp Spitta 1827

LEBEN

Wir feiern heute den Festgottesdienst anlässlich des 59. NÖ Landesfeuerwehr-Leistungsbewerbes. Seit Jahren finden diese Bewerbe wieder in Wieselburg statt. Auch das Hochwasser und die zeitgleiche Wieselburger Messse konnten uns davon nicht abhalten. Eine Freude für die örtliche Feuerwehr und ihre Bürgermeister, auch für den Landesfeuerwehrkommandanten!

Im Feuerwehrleben, im Ablauf eines FF-Jahres sind diese Wettkämpfe wichtig. Alleine die Vorbereitung, die wöchentlichen Übungen tragen zur Kameradschaft bei. Bei den Wettkämpfen können unsere Kameraden zeigen, was sie sich angeeignet haben, wie schnell sie sein können.

Und der jährliche Landesbewerb belebt unsere Feuerwehr. Der faire Wettkampf tut auch unserem Leben gut. Es wird von mir etwas ab-verlangt, ich muss mich in Treue und Beständigkeit üben. Ich kann mich einbringen.

Wie ist das mit unserem Leben, wie sieht es zur Zeit aus in meinem Leben? Was ist in meinem Leben wichtig? Wer ist mir wichtig? Nehme ich die Feuerwehr nicht zur Ausrede um ...

Zu unserem Leben gehört die Familie, der Freundeskreis, der Beruf, die Freude am Feuerwehrwesen.

Zu meinem Leben gehört auch Gott!

Und manchmal frag ich mich: Wenn der Himmel im Dunkel schwindet, die Nacht auf die Erde drückt, wenn Stürme tosen und die Wasser steigen, wenn alles Feste schwankt, die Hand keinen Halt, der Fuß keinen Grund findet ...

Wenn das letzte Wort gesprochen ist, die Stimme der Freunde verstummt, wenn die Angst groß wird, Hoffnung erstickt:

Wenn es ums Leben geht dann: Hilf unserem Unglauben.

FF-Landesbewerb 4. Juli 2010 Poysdorf

SOLIDARITÄT

Wir feiern heute den Festgottesdienst anlässlich des 60. NÖ Landesfeuerwehrleistungsbewerbes. Ein schöner Tag! Nicht immer ist das so. Große Unwetter beschäftigen unserer Kameraden immer mehr. Noch im Mai mussten hier am Bewerbsplatz Pumparbeiten nach starkem Regen gemacht werden. Immer mehr sind unsere Einsatzkräfte gefordert. Immer häufiger sollen wir zusammenstehen.

Auch wenn Florian der „Blühende" bedeutet, so wissen wir, dass wir nicht immer strahlen, dass wir nicht immer blühen.

Manchmal sind wir versucht, alles hinzuschmeißen, weil wir möglicherweise zu wenig beachtet, bedankt, geehrt wurden; vielleicht auch weil wir nicht richtig befördert wurden und, und ...

So ähnlich dachte auch einmal eine ganz kleine Schraube, die mit vielen anderen Schrauben auf einem riesigen Schiff Stahlplatten miteinander verband.

Die kleine Schraube fing an, bei der Fahrt mitten im Indischen Ozean, etwas locker zu werden und drohte herauszufallen. Da sagten die nächsten Schrauben zu ihr: „Wenn du herausfällst, dann gehen wir auch."

Als die großen eisernen Rippen das hörten, da riefen sie: „Um Gottes willen bleibt! Denn wenn ihr nicht mehr haltet, dann ist es um uns geschehen!"

Und das Gerücht von dem Vorhaben der kleinen Schraube, verbreitete sich überall.

Da beschlossen sämtliche Rippen, Platten und Schrauben eine gemeinsame Botschaft an die kleine Schraube zu senden, sie möge doch bleiben, denn sonst würde das ganze Schiff bersten und keine von ihnen die Heimat erreichen.

Das schmeichelte dem Stolz unserer kleinen Schraube, dass ihr solch ungeheure Bedeutung beigemessen wurde – genug, dass es sie sagen ließ: „Ich bleibe."

FF-Landesbewerb 2011

Seilschaften

Wir begehen den 61. NÖ Landesfeuerwehrleistungsbewerb in Krems; wir feiern 150 Jahre FF Krems und freuen uns, dass es 40 Jahre schon die Feuerwehrjugend in Krems gibt. Übrigens, die Thalauers sind heuer genausolang verheiratet, sie feiern Rubinhochzeit, das „Feuer der Liebe" brennt immer noch.

Die Festgäste – LH, Landesräte, FF-Funktionäre – der befohlene Ehrenzug und die Gewinner des Fire Cups nehmen wir gedanklich mit. Viel Aufwand und Stress schwingen mit, aber auch Freude über das Gelungene. Und in diese Stimmung hinein heißt es: KOMMT ALLE ZU MIR, DIE IHR EUCH PLAGT UND SCHWERE LASTEN ZU TRAGEN HABT. ICH WERDE EUCH RUHE VERSCHAFFEN.

Wir Menschen suchen Ruhe und Geborgenheit, in unseren Familien, in unseren Gemeinden, in der Kameradschaft in unseren Wehren, dort wo wir wirken. Irgendwie hat ein jeder eine Last zu tragen, mal mehr, dann wieder weniger.

Wir brauchen für das Leben, für das Reifen und für das Glücklichwerden immer wieder auch die Begegnung. Nicht nur mit Menschen, die einem besonders vertraut sind, die wir mögen, wo die Seele zur Ruhe kommt, sondern für uns Christen braucht es auch die Begegnung mit dem auferstandenen Herrn, dessen Nähe und Berührung uns hilft, die Basis für den Alltag zu schaffen. Die heutige Festmesse muss mehr sein, als bloß ein Programmpunkt der Landesbewerbe.

Diese Begegnung mit dem Auferstandenen in der Feier der heutigen heilige Messe, gibt unserer Zeit und unserem Leben als Ganzem eine Mitte, eine innere Ordnung. Ohne den, der unser Leben trägt, ist das Leben selbst leer. Diese Mitte auszulassen oder zu verraten, würde dem Leben selbst seinen Grund nehmen, seine innere Würde und seine Schönheit.

Wir bilden jetzt eine Gemeinschaft, die Kameraden am Bewerbsplatz haben auch ihre Gemeinschaft und eine Feuerwehr, die keine Gemeinschaft, keine Kameradschaft zusammenkriegt, die kann sich „brausen" ...

Immer wieder sind uns Seilschaften, auch mit christlichen Werten bestückt, eine Hilfe!

Gemeinde als Seilschaft
sammelt sich in Stille
plant den Weg
markiert das Ziel
sorgt für Ausrüstung
prüft das Seil
stellt Teams zusammen
ermuntert die Mutlosen
macht den Weg
bestärkt die Schwachen
lässt keinen allein zurück
trägt und erträgt
achtet auf Reserven
freut sich über das Erreichte
feiert miteinander
Gemeinde als Seilschaft

(Roland Breitenbach)

Denn: KOMMT ALLE ZU MIR, DIE IHR EUCH PLAGT UND SCHWERE LASTEN ZU TRAGEN HABT. ICH WERDE EUCH RUHE VERSCHAFFEN.

FF-Landesbewerb 2012 Ternitz

WINDRAD

Wir feiern heute den Festgottesdienst des 62. NÖ Landesfeuerwehrleistungsbewerbs hier im „Ternitzer Dom", ein wenig wollen wir auch noch das Jubiläum des Ortspfarrers, Mario Böhmer, den 30. Jahrestag seiner Priesterweihe, nachklingen lassen.

Am frühen Morgen habe ich ein WINDRAD mitgenommen. Was hat ein Windrad mit der Feuerwehr zu tun?

Man sieht nicht die Kraft, die das Windrad zum Drehen bringt. Die sieht man nicht. Ein Hauch, der von mir herauskommt, aus meiner Lunge, den man nicht sieht, das aber dann etwas in Bewegung setzt. Etwas bewirkt. Etwas Unsichtbares hat eine Wirkung. Und bringt das Rad zum Laufen. Schafft Energie.

Nicht nur wir FF-Leute sind stets in Bewegung, bei Übungen, im Einsatz oder auch bei Bewerben. Wenn wir Stillstand haben, dann haben wir keine Power, keine Kraft, keinen Antrieb.

Und was macht Jesus? Er sendet uns Kraft, gibt Beistand in jeglicher Situation (Not und Freud). Und das WINDRAD ist auch ein wunderbares Symbol, ein Zeichen für den Heiligen Geist. Jesus gibt da etwas von sich selber, sein Lebensprinzip, seine Lebenskraft, seine Lebensenergie gibt er weiter. Und er möchte damit sagen: ihr sollt meine Lebenskraft in euch haben.

Und euer Leben soll so zielgerichtet, sinnvoll sein, so erfüllt, wie mein eigenes Leben. Das ist viel. Mehr könnte uns dieser Jesus nicht geben.

Er gibt ganz etwas von sich selber. Und bewirkt etwas, so wie dieser Hauch, der das Rad bewegt, in Bewegung bringt, möchte dieser Hauch, der von Jesus ausgeht, etwas bewirken. Der zeigt Wirkung. Den Hauch sieht man nicht, aber die Wirkung ist gewaltig.

Es gibt Dinge, die sieht man nicht, die aber eine mächtige Wirkung haben. Die, die etwas Wirkliches bewirken, die in deinem Herzen sind, die du nicht siehst, Gedanken oder dein Geist kann ganz viel bewirken, den siehst du aber nicht. Da ist ein Mensch, der ist getrieben sein Leben lang und tut wunderbare Dinge und man weiß nicht warum? Der andere ist faul, lebt nur für sich selber.

Und es darf nicht sein, dass wir das eigene Ich immer nur vorn hinstellen. Und alle anderen kommen erst nachher. Das ist für eine Gemeinschaft nie gut, das spürt man dann, wie die Kameradschaft gelebt wird.

Liebe ist dies, dass ich von mir weggehe und zu den anderen gehe und immer jene sehe, die mich brauchen. Und auch auf mich vergesse, meine Zeit investiere, meine Gesundheit, und meine Lebenskraft investiere für die anderen.

Das macht glücklich!

Such' die Menschen, die dich brauchen. Denk nicht an dich. Bleib nicht an dir hängen. Bleib nicht sitzen in deiner Traurigkeit. Sondern geh' zu anderen, die dich brauchen. Lerne ein liebender Mensch zu werden.

Neben dem hl. Florian ist besonders der Heilige Geist unser Motor für die Sache des Nächsten.

Wenn wir Menschen helfen können, egal welcher Religion, das macht uns zufrieden, und gibt uns letztendlich auch die Kraft, uns einzusetzen für den Nachbarn.

Wir brauchen diesen Geist, der uns antreibt. Der uns nicht lahm sein lässt. Der uns innerlich in Bewegung setzt. Nicht zu sehr äußerlich. Es geht nicht um das Herumrasen.

Mit dem Windrad darf ich euch anfeuern. Und dadurch soll die Lebenskraft Jesu in euch hineinfließen, in euren Alltag, in unserem Tun im Dienste für den Nächsten.

Es braucht nicht nur Leistung. Lasst euch einfach berühren. Lasst euch von diesem Geschenk, das euch Jesus machen will, anrühren: „So soll es sein". Amen.

FF-Landesbewerb 2013 Leopoldsdorf bei Litschau 13. Sonntag C im Jahreskreis 2004

AUFBRUCH

Es freut mich, dass wir den 63. NÖ Landesfeuerwehrleistungsbewerb, auch in der neuen Ära, mit einem Festgottesdienst diese Tage krönen. Mit einer Geschichte möchte ich euch wachrütteln. Eine Kurzerzählung von Franz Kafka aus dem Jahre 1922: „Der Aufbruch". Mit dem Pferd, dass der Dichter selbst aus dem Stall holen muss, weil der Diener ihn nicht verstand, möchte er fort – egal wohin, er weiß nicht wohin, nur dass er fort möchte. „Der Herr – kein Ziel, außer dem: Nur weg von hier! Ein Aufbruch voller Fragezeichen!" so schreibt Kafka.

Wagen wir nicht auch immer wieder Aufbrüche ins Ungewagte? Wenn wir uns einlassen auf eine Partnerschaft, auf ein klösterliches Leben, auf Umstrukturierung im Feuerwehrwesen? Wollen wir nur weg von hier, was Neues oder wissen wir ein Ziel? Christus war unterwegs nach Jerusalem, so hörten wir es im Evangelium, auch wir sind unterwegs, manchmal mit und dann wieder ohne Christus.

Aber Christus ist der Mittelpunkt, darum haben sich immer wieder Menschen in den Dienst Christi gestellt – auch FF-Leute. Immer wieder wird es Zeiten geben, wo wir uns in den Dienst Christi stellen möchten, alle sind wir gefragt, nicht nur die Priester, ihr alle, sei es im Büro der Festkanzlei, am Bewerbsplatz, in der Landwirtschaft, als Hausfrau, Politiker, Musiker, Feuerwehrleute – ihr alle seid dabei angesprochen.

Der Herr hat uns die Gabe der freien Entscheidung gegeben, wir sind verpflichtet, sie zu verwenden und nicht brach liegen zu lassen. Wir Menschen müssen für etwas einstehen, geradestehen ... – Diese guten Talente und Gaben wurden heuer wieder beim Hochwasser hervorgeholt, Zusammenhalt wurde gelebt. Wie ist das nach einer Katastrophe?

Im heutigen Text des Evangeliums ist auch von dieser Entscheidung die Rede. Jeder von uns musste sich schon einmal für etwas entscheiden, manchmal auch alles liegen und stehen lassen. Wie war das beim Hochwasser? Auch der, der sich für Christus entscheidet, er/sie muss diese Entscheidung treffen. Von einem Freund habe ich einmal eine Karte bekommen, darauf stand: Mögen täte ich schon gern, aber ich getraue mich nicht. Zu einem Aufbruch ins Ungewisse gehört auch, dass aus dem Mögen ein aktives Wollen und Tun wird. Wollen wir einmal mehr, einen Aufbruch – mit Christus – wagen?

FF-Landesbewerb Sonntag, 29. Juni 2104
HOCHFEST DER APOSTEL PETRUS UND PAULUS - 13. Sonntag im Jahreskreis A
Apg 12, 1-11, 2 Tim 4, 6-8.17-18, Mt 16, 13-19

PETRUS UND PAULUS

Wir feiern heute anlässlich des 64. NÖ Landesfeuerwehrbewerbs diesen Festgottesdienst hier in der Stadtpfarrkirche Retz, wir feiern Eucharistie – Danksagung, ganz bewusst, es ist mehr als bloß ein Event.
Liturgisch feiern wir den Festtag der Apostel Petrus und Paulus.
Ihre meist getrennten und manchmal auch in Spannung zueinander gegangenen Wege haben schließlich in Rom ihr Ziel gefunden.
Und wahrscheinlich hätten sie es sich nie träumen lassen, dass sie einmal in einem Atemzug miteinander genannt werden und sogar ihren Festtag miteinander teilen „müssen". Aber so ist das nun einmal, mit der Gnade und der Liebe Gottes, ist das vereint, was nach menschlichen Vorstellungen schier unmöglich scheint.
Allein schon in ihrer Symbolik sind sie so unterschiedlich, wie sonst kaum zu denken ist. Petrus, der als Symbol die Schlüssel trägt. Paulus das Schwert. Besser kann man wohl beide Charaktere kaum darstellen.
Es gibt die Haltung der Schlüssel, des Öffnens und Schließens, des gewaltlosen friedlichen Handelns, das machtvoll aus sich selbst wirkt, weil die Schlüssel eine Tür öffnen, aber auch verschließen kann. Das Schwert erfordert eine weitaus andere Haltung. Das Dreinhauen und Schlagen, das Kämpfen und Verteidigen, aber auch den blutigen Einsatz, der uns heute in vielem suspekt geworden und abhanden gekommen ist.

Aber diese beiden Grundhaltungen sind nicht nur einfach und unproblematisch, sondern es steht dahinter auch ein Anspruch, dem wir uns als Christen nicht entziehen dürfen, obwohl wir es immer wieder tun. Denn in irgendeiner Form hat jeder von uns an dieser Schlüsselgewalt Anteil, die Verantwortung heißt.
Verantwortung für Menschen, die uns anvertraut sind (einzelnen Orts-Feuerwehren) und die wir uns vertraut gemacht haben. Verantwortung für das eigene Leben ohnehin, für den Fortgang menschlicher Entwicklung, für die Welt, für all die kleinen und großen Entscheidun-

gen, die in unserem Leben immer wieder anstehen und entschieden werden müssen.

Denn es ist immer schwer, Entscheidungen zu treffen und dafür auch einzustehen. Und keiner hat wohl mehr darunter gelitten als Petrus selbst. Er, der Zauderer, der oft genug seinen Mund zu voll genommen hat und den dann der Mut, als es zur Sache ging, verlassen hat. Und gerade ihm wurden vom Herrn die Schlüssel des Himmelreichs übergeben. Er wurde zum Fels, zu einer Säule, auf dem der Herr seine Kirche erbaut hat.

Und ich habe mich oft gefragt, warum dies so geschehen ist? Wohl deshalb, weil dem, der mehr liebt als die anderen, der Herr die Schlüssel anvertraut. Entscheidend ist die Antwort auf die Frage Jesu – „liebst du mich mehr als diese?" – Denn es gibt keine Rechtfertigung durch unser Wissen, durch das Vorweisen von Leistungen, noch durch unser Können, auch nicht durch Beziehungen und diplomatisches Geschick, auch nicht durch das äußere Ansehen oder durch sonst etwas. Außer der Liebe! Außer der ehrlichen und aufrichtigen Antwort: „Herr, du weißt alles. Du weißt auch, dass ich dich liebe!"

Und so wie bei Petrus wird es auch bei Paulus deutlich sichtbar und erkennbar. Dem Eiferer, dem entschiedenen Kämpfer, dem kein Weg zu weit, keine Mühe zu groß und keine Auseinandersetzung zu schwierig war, ausgerechnet er, der die Christen verfolgt hat, wird vom Licht des Herrn, vom hohen Ross herunter, in den Staub gestürzt. Er, dem es nicht an Selbstbewusstsein gemangelt hat, wenn er sich seiner Schwachheit rühmt, liegt am Boden und ist blind!

Gott aber will nicht diese Kraft des Schwertes und des Kampfes, sondern ER will die Kraft, die sich nicht als zerstörerische Macht gebärdet, die nur darauf ist, Menschen zu töten und zu unterdrücken, deren Ursache der Zorn, der Hass und wohl auch der Neid und die Eifersucht ist.

Die Kraft und diesen Eifer des Paulus aber wird der Herr in einen mühsamen Prozess des Lernens, des Gehens vieler Wege und der bitteren Selbsterkenntnis verwandeln, damit er wie Petrus der große Liebende wird, der nicht nur theoretisch davon weiß, dass das Größte die Liebe ist, sondern der es auch praktisch übt, durch seinen rastlosen Einsatz für die Kirche.

Gibt es also unterschiedlichere Wege als die Wege dieser beiden? Welchen Weg gehen wir, gehen wir im Feuerwehrwesen?

Beide Apostel – auch hl. Florian – haben sie ihren Platz in der Nähe und Nachfolge Jesu. Denn sie alle dürfen ihren eigenen Weg gehen. Wege, die wir nur allzu schnell jemanden abzusprechen versuchen, weil wir meinen „so und nicht anders hat es zu sein"!

Bitten wir am heutigen Festtag darum, dass wir Menschen ob ihres Suchens und Ringens, ob ihrer Schwachheit und verschlungenen Wege nicht einordnen und verurteilen, sondern es beim Herrn belassen, wen ER beruft und erwählt, ihm zu dienen.

Und vergessen wir nicht darauf, uns darum zu mühen, zuerst selbst einmal Liebende zu sein. Nicht nur mit Worten und in Schönrederei, sondern in Taten, im Umgang miteinander, indem wir barmherzig, gütig und selbstlos sind, wie unser Herr, dem wir folgen und an den wir glauben.

Das Evangelium leugnet nichts, weder die Wankelmütigkeit des Petrus noch die Verfolgung der Christen durch Paulus. Aber beide, Petrus, dem der Herr die Schlüssel anvertraut und Paulus, der zum Völkerapostel wird, sind dem Herrn auserwählte Werkzeuge. Weil es ihnen um die „Sache" geht! Niemals um sich selbst, um ein vielleicht wohlfeiles, in Applaus gebettetes Dasein.

Ein gutes Miteinander wünsche ich uns allen über den heutigen Tag hinaus – Gut Wehr!

FF-Landesbewerb 2017 St. Pölten (13. So A)
2 Kön 4, 8-11.14-16aRöm 6, 3-4.8-11, Mt 10, 37-42[1]

WO BLEIBT GOTT?

Wir sind bewusst um diese ZEIT zusammengekommen um anlässlich des 67. NÖ Landesfeuerwehrbewerbs in St. Pölten, im 150. Jahr des Bestehens der Stadtfeuerwehr, heilige Messe zu feiern. Danksagung für so Vieles zu sagen, besonders auch, was in den letzten Tagen für die NÖ Feuerwehren (auch politisch) möglich wurde.
Auch auf die Gefahr hin, dass manche unter Ihnen sich jetzt ausklinken werden, wenn ich Sie bitte, sich an einer Umfrage zu beteiligen. Ich mach ich es trotzdem!
Angenommen Sie hätten eine Liste mit Personen vor sich und müssten, aufgrund der Frage „Wen lieben Sie am meisten?", unter diesen eine Reihung vornehmen? Wer bekäme wohl den ersten Platz?

Und wo bleibt Gott? Welchen Platz in der Reihung bekäme er denn von Ihnen zugedacht? Wahrscheinlich irgendwo unter „ferner liefen" ...
Denn das, was Jesus heute von seinen Jüngern und damit auch von uns verlangt, entbehrt wohl jeder menschlichen Grundlage, wenn es (dreimal) heißt: der ist meiner nicht würdig! Denn die Liebe zu ihm hat der Liebe zu denen, die uns am nächsten sind, nachzustehen.[2] Na, mehr brauchst nicht!
Es zeigt uns wieder einmal: bequem ist er nicht, dieser Jesus mit seiner Botschaft? Denn er steht nicht unbedingt für Harmonie, für biedermeierliche Gemütlichkeit oder für einen „Scheinfrieden". Und er ist auch kein Kompromissler, sondern ein „Radikaler".Einer, der Anstoß erregt und Widerspruch heraufbeschwört.[3]
Der uns scheinbar auch etwas Menschen-Unmögliches abverlangt. Aber nur deshalb, weil er, wie wir wissen, selber diese Strategie gewählt und „vollzogen" hat.[4] Er verlangt Entschiedenheit, eine Konsequenz, die weh tut, die uns vielleicht sogar in Angst und Schrecken versetzt und uns sagen lässt: mit mir nicht. Ist bei der Feuerwehr nicht auch manchmal so?

Denn Jesus ist der, der uns „verlieren" heißt, uns aber dadurch zugleich einen Gewinn in Aussicht stellt, der alles Verstehen übersteigt.

Mit anderen Worten: der Glaube an Jesus hat Vorrang vor den familiären Beziehungen, die uns, und das wissen wir auch, manchmal ganz schön zusetzen, uns förmlich den Atem nehmen und die von uns über alles geliebte Freiheit erheblich „einschränken". Vergessen wir bitte nicht: „Wer gibt, der bekommt auch viel zurück".

Wer sich immer nur selbst als Ziel betrachtet, der wird sich verfehlen. Wer sich aber für Jesus aufgibt, der kann sich selber finden. Christ sein heißt doch, auf Jesus zu schauen und den Nächsten im Blick zu haben und nicht immer nur sich selbst.

Denn die heutzutage hochgepriesene Selbstverwirklichungstendenz und das Selbstfindungsgeschwätz, die knallharten Rücksichtslosigkeiten auf der Straße des Egotrips, damit ich nicht zu kurz komme und Spaß genug für einen selbst übrig bleibt, führen letztlich ins Chaos, in die Aggression und in die Isolation.[5] Man findet letztlich nur sich selbst, wenn man sich nicht allzu wichtig nimmt. Denn man gewinnt nur das, was man gibt.

Die Liebe zu Gott und diesem Jesus nachzufolgen, muss uns als Christen über alles gehen. Wenn Gott den ersten Platz in meinem Leben einnimmt und ich bereit bin, Jesus zu leben und dem Kreuz nicht auszuweichen, dann liebe ich sehr wohl auch in angemessener Art und Weise.

Liebe Schwestern und Brüder, würden Sie vielleicht jetzt eine andere Reihung in der Ihnen gestellten Umfrage vornehmen? Oder sagen Sie sich trotzdem: Alles soll so bleiben. Ich habe bereits gewählt.

Ich wollte euch keineswegs in Verlegenheit bringen oder verunsichern, sondern Sie einfach nur einladen, manche Haltungen und Lebensentwürfe zu überdenken, sodass Sie sich dessen bewusster werden, welche Rolle denn Gott in Ihrem Leben/ in meinem Leben spielt und welchen Platz Sie ihm letztlich zugestehen.

Und das nicht nur am heutigen Sonntag, bei den Landesbewerben.

---

1 Vgl. Mt 10, 37-38
2 vgl. Adolf Schlatter, Das Evangelium nach Matthäus, 166
3 vgl. Franz Kamphaus, Tastender Glaube, Inspirationen zum Matthäusjahr, 126
4 vgl. Schlatter, 167
5 vgl. Klaus Berger, Meditationen zu den Sonntagsevangelien, Lesejahr A, 183

FF-Landesbewerb 2018 Gastern - 13. Sonntag im Jahreskreis B
Weish 1, 13-15; 2, 23-24 * 2 Kor 8, 7.9.13-15 *Mk 5, 21-43

ERWECKUNG

Wenn wir anlässlich des 68. NÖ Landesfeuerwehrleistungsbewerbs miteinander Gottesdienst feiern, so hören wir in der Heiligen Schrift von zwei Wundern, es wird uns heute berichtet: von einer Frau, die von ihrem jahrzehntelangem Leiden geheilt wird und von der Erweckung der Tochter des Jairus.

Geschichten, die wir glauben und für wahr halten – oder auch nicht? Doch, was bedeuten sie heute? Was können wir daraus lernen? Und was heißt es denn für Eltern, deren Kind gestorben ist, wenn vor 2000 Jahren ein Kind zum Leben auferweckt wurde? Was heißt es für eine schwerkranke Frau, wenn sie von dieser Heilung aus vergangenen Tagen hört? Wie sehr trifft es uns, wenn Feuerwehrleute zu tragischen Einsätzen mit Todesfolge kommen ...

Wir alle wünschen uns doch Rettung und Heilung! Wir wünschen uns, dass wir noch lange vom Tod verschont bleiben. Wir alle sehnen uns danach „gesund" zu bleiben, weil doch Gesundheit alles ist.

Und geht es uns nicht manchmal so wie diesem Synagogenvorsteher, wenn wir eine Bitte äußern, dass sie eher irgendwo verhallt, weil dieser unbegreifliche Gott uns die Hoffnung oft schwer macht – und er sich Zeit lässt, bis er endlich kommt und eingreift? Währenddessen hören wir schon die Stimmen: „Es ist zu spät!"

Gott aber, so heißt es, hilft eben anders! Auch gut! Und doch nicht. Denn tagtäglich werden ihm wohl unzählige Gebete, Ausdruck der Nöte und Sorgen der Menschen, um die Ohren geschlagen. Und ER schweigt. Antwortet nicht! Lässt uns dem Gefühl des „Beten hat eh keinen Sinn" hilflos ausgeliefert sein.

Doch: die Wundergeschichten des Evangeliums können und sollen wir wie Formulare lesen, in die wir unsere Hoffnung auf Rettung und Heilung eintragen!

Da ist die blutflüssige Frau: 12 Jahre Leid, Scham, Isolation, ihr ganzes Vermögen weg, ihr Vertrauen in die Heilkunst der Ärzte und der Medizin ebenso. Doch da ist noch nichts von Endgültigkeit. Ihre Sehnsucht macht ihr Mut, sich vorzudrängen. Wenigstens eine Berührung! Und wenn es nur das Gewand ist.

Und dann ist da noch die Auferweckung des toten Mädchens aus angesehenem Hause. Doch Jesus nimmt diese Tatsache nicht ernst. Und er wird deshalb auch ausgelacht. So wie wir vielleicht über solche Geschichten lachen und uns daran belustigen. Aber gerade dort, wo unsere Aussichten auf Leben schwinden, wo wir nicht mehr an ein Wunder glauben, wo wir alle Hoffnung verloren haben, da sagt ER trotzdem: Steh auf!

Und das ist Glaube! Einerseits die Hartnäckigkeit dieser Frau, nicht vorschnell aufzugeben, sondern es wieder zu versuchen, Chancen wahrzunehmen, und wenn es noch so unsinnig scheint! Und andererseits die Furchtlosigkeit des Jairus. Es zuzulassen, sich anzustrengen, dass der Meister kommt, um seine Tochter zu sehen und zu berühren.

Und genau das können wir aus diesen zwei Geschichten lernen. Auch heute noch. Trotzdem zu glauben, zu hoffen und zu lieben, auch dort, wo es in den Augen der aufgeklärten Welt keinen Sinn macht.

Aber es macht Sinn! Es sich nicht nehmen zu lassen!

Immer wieder, sich auf den Weg zu machen, Gott zu bestürmen und zu bedrängen. Denn irgendwann geschieht das Unglaubliche!

Irgendwann erfüllt es sich die Hoffnung auf Leben! Ob wir es glauben oder nicht! Aber es ist! Und so wie es ist, ist es gut!

(vgl. Jorge Bucay)

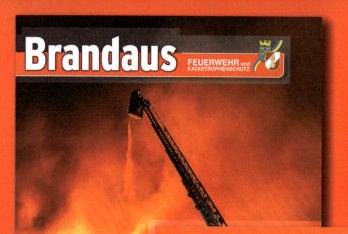

Kolumnen aus der Zeitschrift Brand Aus

Mit diesen Zeilen darf ich meinen „Staffellauf"
als Landesfeuerwehrkurat beginnen!

Der hl. Benedikt schreibt in seiner Ordensregel, dass, wenn man mit etwas Neuem beginnt, Gott um seinen Segen bitten soll, damit ER es (den Neubeginn) gut begleite und vollende. Das kam mir in den Sinn, als ich die neue Funktion übernommen habe.

Ich denke, so wird es schon so manchen Kameraden und Kameradinnen gegangen sein, denn wer sich engagiert, der wird naturgemäß mit neuen Aufgaben betraut.

Was stell' ich mir vor?

Ein Herzensanliegen wird sicherlich die Florianiwallfahrt werden – heuer am 6. September in Kleinmariazell – um Dank zu sagen für das abgelaufene Feuerwehrjahr.

Mit den Feuerwehrkuraten treffen wir uns mit Landesbranddirektor Wilfried Weißgärber am 15. Oktober (ab 18 Uhr) zu einem Austausch bzw. zu einer Fortbildung in der Feuerwehrschule in Tulln.

Pfarrer und Feuerwehrkurat bin ich in Matzleinsdorf bei Melk, aber ich habe das Glück, in meinem Heimatkloster wohnen zu können. Daher bin ich im Stift Melk unter 02752/555-0 und per Mail unter stephan@stiftmelk.at zu erreichen. Manchesmal kann man mit einer Aufgabe wachsen und viele Zusagen versuchen, dabei zu unterstützen. Andrea Schwarz meint zu ZUSAGE folgendes:

ZUSAGE:
Du brauchst nicht das Unmögliche möglich zu machen
Du brauchst nicht über deine Möglichkeiten zu leben
Du brauchst dich nicht zu ängstigen
Du brauchst keine Wunder zu vollbringen
Du brauchst dich nicht zu schämen
Du brauchst nicht zu genügen
Du brauchst keine Rollen zu spielen
Du brauchst nicht immer kraftvoll sein

DU brauchst nicht allein zu gehen!

In diesem Sinne grüßt Euch Euer
Pater Stephan Holpfer OSB, LFKUR

WASSER

"WASSER gibt Hoffnung und Mut", so meint der Alt-Bischof von Innsbruck, Dr. Reinhold Stecher, der für eine Wasserleitung in einem Dorf in Albanien finanzielle Unterstützung gab.

Die Vereinten Nationen erklärten das Jahr 2003 zum „Jahr des Wassers". Gerade bei der Feuerwehr haben wir viel mit dem Naturelement Wasser zu tun. In vielen Dritte-Welt-Ländern ergänzen mobile Wasserversorgungen die Infrastruktur. Nicht überall ist genügend Wasser vorhanden und wenn wir an länger andauernde Hitzeperioden im Sommer denken, so ist auch in unseren Breiten bewusstes Umgehen mit Wasser angesagt.

(Noch) brauchen wir das Wasser zum Löschen von Bränden, wir haben aber auch in letzter Zeit erlebt, welche enormen Schäden das Naturelement bei Hochwasser anrichten kann.

Bedrohung und Retten sind eng miteinander verknüpft. Es kommt immer auf die Sichtweise an, was für mich „gerade jetzt" Wasser bedeutet.

Wasser steht auch symbolisch für Leben – Wasser, die Quelle des Lebens! Bei der Taufe werden wir mit Wasser übergossen. Die Quelle unseres Lebens kann uns durstig machen nach Christus, dem Erlöser.

Ich wünsche uns allen, dass wir Wasser nicht als Bedrohung erleben müssen, sondern dass Wasser für uns Hoffnung, Mut und Sehnsucht nach Gott bedeuten kann.

ZÜNDE MICH AN!

Alle Jahre wieder kommt das Christuskind, so heißt ein bekanntes Weihnachtslied! Kommt Christus wirklich alle Jahre zu uns? Weihnachten ist DAS Fest, bei dem wir uns in unserem „Inneren" am häufigsten berühren lassen. Auch wenn wir schon im November in so manchen Kaufhäusern mit dem Lied „Stille Nacht" berieselt werden, so ist die Heilige Nacht, erst der richtige Moment, wo wir spüren können: Christus ist geboren, ist für uns angekommen. Der Advent und die Weihnachtszeit ist prädestiniert fürs Geschichten erzählen.

So auch die Geschichte vom Zündholz und der Kerze: Das Zündholz sprach zur Kerze: „Ich habe den Auftrag, dich anzuzünden."

„Nur das nicht, sagte die Kerze verängstigt. Wenn ich brenne, sind meine Tage gezählt, und niemand wird künftig meine Schönheit bewundern."

Das Zündholz gab zu bedenken: „Anzünden ist das Einzige, was ich kann. Zünde ich nicht an, verpasse ich meinen Auftrag und gehe an meiner eigentlichen Bestimmung vorüber."

„Gut, das sehe ich ein, aber was hat das mit mir zu tun?!

„Du bist eine Kerze, dazu bestimmt, Licht zu spenden. Willst du dein Leben lang kalt und starr bleiben, ohne deine Aufgabe erfüllt zu haben?"

„Aber brennen tut doch weh", seufzte die Kerze. „Und wenn du mich anzündest, schwinden meine Kräfte dahin."

„Ja das stimmt", gab das Zündholz zu. „Aber ist es nicht das Geheimnis unserer Berufung, Licht zu spenden? Du sollst für andere leuchten. Alles, was du an Schmerz erfährst und an Kraft verlierst, wenn du dich in der Flamme verzehrst, wird in wärmendes Licht verwandelt, an dem sich sehr viele erfreuen werde. Wenn du dich aber versagst, breitet sich Finsternis aus dort wo du stehst."

Da besann sich die Kerze eine Weile, dann spitze sie den Docht und sprach voller Erwartung: „ZÜNDE MICH AN!"

Liebe Kameraden und Kameradinnen; ich wünsche uns allen so sehr, dass wir Wärme, Licht, Freundschaft „alle Jahre wieder" weiterschenken können und aufrichtigen Herzens rufen: „Herr, zünde mich an!"

2004 – DAS FLORIAN-JUBILÄUMSJAHR

Am 4. Mai 2004 jährt sich der Todestag des heiligen Florian zum 1700. Mal! Der hl. Florian ist Schutzpatron der Feuerwehr und daher feiern wir ihn in diesem Jubiläumsjahr besonders. Verschiedene Veranstaltungen möchten auf „unseren" Heiligen aufmerksam machen. So fand bereits am 8. Jänner ein Orientierungstag für alle österreichischen Feuerwehrkuraten in der OÖ-Feuerwehrschule in Linz statt.

- Am 8. Mai 2004 begehen wir die österreichische Florianiwallfahrt von Enns nach St. Florian – um 14.00 Uhr feiern wir gemeinsam den Festgottesdienst in St. Florian.
Diese Wallfahrt ist heuer auch zugleich unser „Florianimarsch".
- Am 6. Juni startet eine Solidartätsfahrt mit dem Rad von St. Pölten nach Enns.
- Auch ist eine eigene Homepage eingerichtet worden: www.florian2004.at

Das kommende Jahr soll uns die Geisteshaltung von SOLIDARITÄT und ZIVILCOURAGE einmal mehr näher bringen.

Als Florian unter Kaiser Diocletian die Anordnung erhielt, Christen zu verfolgen, verließ er seinen Wohnsitz Cetium (St. Pölten) um den verfolgten Christen zu helfen und sich auch selbst als Christ zu deklarieren. Dafür wurde er mit einem Stein um den Hals in den Enns-Fluss gestürzt und ertränkt. Er starb den Märtyrertod, weil er zu seinem Herrn Jesus Christus stand. Er bewies Solidarität! Solidarisch sein bedeutet: gemeinsam, miteinander übereinstimmend, eng verbunden, füreinander einstehen.

Wenn wir bei Einsätzen nur streiten würden, da könnten wir nicht für jemanden da sein, da könnten wir nicht helfen wie einst der hl. Florian. Das Zusammengehörigkeitsgefühl innerhalb der Ortsfeuerwehr, des Abschnitts, des Bezirks, sowie des Landesverbandes, es ist geprägt vom Wunsch, gemeinsam zu helfen. Es hindert uns nicht, wenn es dann und wann zu menschlichen Schwierigkeiten in der Organisation kommt.

ENTFLAMMEN – BEGEISTERN lassen für die gute Sache, das wollen wir alle! Florian bedeutet der „Blühende", er brachte das Christentum zum Blühen, weil er es lebte. Möge uns gelingen, dass „Glühen" für unsere Sache umzusetzen und einzustehen wenn es heißt: GOTT ZUR EHR, DEM NAECHSTEN ZUR WEHR!

DIE KLEINE KERZE

In wenigen Tagen feiern wir die Geburt Christi – Weihnachten!
Das Licht ist das weihnachtliche Symbol schlechthin. Das Friedenslicht von Bethlehem wird seit vielen Jahren weitergegeben und in unsere Häuser gebracht; nicht nur alleinstehende Menschen freuen sich besonders darüber.
Das Leuchten der Kerzenlichter kann Frieden, Wärme, Geborgenheit ausdrücken.

So ein Kerzenlicht sprach zu mir: „Warum bist du so traurig?"
Ich sagte: „Ach kleine Kerze, jeden Tag höre ich von Missbrauch und Vergewaltigung, von Mord und Totschlag. Die Menschheit ist so kalt geworden."
Da wurde die Flamme größer und sagte: „Dann werde ich stärker brennen, damit die Menschheit wieder warmherziger wird."
Ich entgegnete: „Aber was will eine kleine Kerze gegen diese große Kälte machen?"
Sie sagte: „Wenn ich nicht mehr brenne, wird es dunkel. Wenn ich nicht mehr brenne, gibt es keine Hoffnung. Ich brenne also für dich und alle Opfer. Ich brenne also, damit es noch Hoffnung gibt für die Menschheit."
Ich dachte: „Wenn so eine kleine Kerze nicht aufgibt für die Menschheit zu brennen, dann darf ich auch nicht aufgeben." Da sprach ich zu ihr: „Kleine Kerze, hier sieht dich kaum einer. Komm, ich trage dich durch die Welt, damit alle sehen, wie hell du für uns Menschen brennst."
Da lachte sie und flüsterte: „ Siehst du, schon hast du durch mich wieder Hoffnung bekommen. Den Rest schaffen wir auch noch!"

In diesem Sinne wünsche ich uns allen eine hoffnungsvolle und friedliche Zeit!

Im Einsatz

Ich erinnere mich an zu Hause, wenn die Sirene heulte, mein Vater aufsprang, die Familie ihm alle notwendigen Utensilien zuwarf – und weg war er.

Die positive Einstellung für die Feuerwehr war in der ganzen Familie gegeben – wie bei so vielen anderen Familien auch.

Dieser Tage besuchte ich die kranke Mutter eines jung verstorbenen Feuerwehrkameraden. Obwohl der Sohn verstorben ist, schlägt das Herz der Mutter nach wie vor für die Feuerwehr und sie hilft bei diversen Feuerwehrveranstaltungen aktiv mit, wie zum Beispiel beim Feuerwehrfest.

Im Mai feiern wir sowohl das Fest des Heiligen Florian, als auch den Muttertag!

Noch nie ist mir so bewusst geworden, wie eng verbunden, wieviele Parallelen die beiden Festtage miteinander haben.

Unsere Anverwandten, unsere Frauen und Mütter, fiebern mit, wenn wir zu Einsätzen fahren, sorgen sich um uns.

Wenn wir nach belastenden Einsätzen zurückkommen, sind sie es, die uns als erste auffangen und denen wir berichten können.

Das Feuer im Herzen unserer Mütter und Verwandten möge uns mit der Fürsprache des Heiligen Florian auf all unseren Wegen begleiten – das wünsche ich uns allen für die große Feuerwehrfamilie!

ZUFRIEDENHEIT

Liebe Feuerwehrkameraden und Feuerwehrkameradinnen!
Wann seid ihr zufrieden?
Für jeden wird das anders sein.

Für mich ist ein zufriedener Mensch, ein ausgeglichener Mensch, jemand der nicht um sich herumschlägt und auf andere herabsieht oder den anderen verletzt, nur um von sich abzulenken.
 In der **gelebten Zufriedenheit**, ja da passt wohl alles so wie es ist. So wie ich lebe, so fühle ich mich wohl.
 Auch in der **gewählten Zufriedenheit** kann ich mich wohl fühlen; wenn ich z. B. als Feuerwehrfrau, als Feuerwehrmann tätig bin. Für andere da sein, helfend zur Seite stehen – da kann ich Zufriedenheit ausstrahlen.
 Mit der **gemachten Zufriedenheit**, da wird's schon schwieriger: Alles was ich versuche zu machen, aufzusetzen, das ist Schein, da suche ich eigentlich nur Ausreden vor den eigenen Problemen, stelle mich persönlich nicht der Wirklichkeit – bin auf der Flucht vor mir selber.
 Wer ist wirklich ein zufriedener Mensch? Jemand, der allen Reichtum der Welt besitzt, oder der, der alles machen kann was er will?
 Wir Menschen streben nach gesellschaftlicher Anerkennung, drängen nach sozialer Anerkennung und nach Wohlstand. Und wir haben Bedürfnisse, die für unser Leben wesentlich sind, Bedürfnisse, für die wir unendlich viel Zeit aufbringen.
 Was macht uns in unserem Leben wirklich nachdenklich, zukunftsorientiert?

Vielleicht das Streben nach WAHRHEIT?
Die SEHNSUCHT nach Glück und Zufriedenheit?
ZUFRIEDENHEIT?

Warum gehen wir zu Floriani in die Kirche?

Feuerwehrmitgliedern ist der Schutzpatron, der hl. Florian allgegenwärtig: Die Zeitungen berichten von den Taten der „Florianijünger", die Alarmzentralen melden sich mit „Florian", Statuen oder Bilder vom Heiligen Florian, der das brennende Haus löscht, sind in vielen Feuerwehrhäusern zu finden. Doch wie gedenken wir unserem Schutzpatron – und warum tun wir das?

Die Feuerwehren ehren ihren Schutzpatron Anfang Mai. In vielen Gemeinden ist es üblich, am Florianisonntag den Gottesdienst zu besuchen. Aber der Motivationsgrund ist oft ganz unterschiedlich. Es soll nicht nur Tradition und Folklore sein. Nicht der Gedanke „weil es immer schon so war" oder „weil sich so gehört" soll im Vordergrund stehen. Vieles im Feuerwehrdienst ist Pflicht, aber die Florianimesse ist eine Chance! Hier habe ich die Gelegenheit, einmal durchzuatmen, Vergangenes Revue passieren zu lassen und mich geistig aufzuladen. Denn hinter dem Messbesuch zu Floriani steckt ein tieferer Sinn: Bei der heiligen Messe kann ich danken für die vielen gemeinsamen Ausfahrten die geglückt sind. Auch für die Bitte um Beistand für die kommenden Einsätze ist Raum. Vor allem aber kann ich Kraft tanken für das, was kommen mag.

Hilf dem nächsten – ein christlicher Gedanke
Wir Feuerwehrleute geben Hilfe dem Nächsten! Beim Alarmieren wissen wir nicht, zu wem wir gerufen werden. Wer ist mein Nächster? Ein Unbekannter, eine lieber Mensch – oder der, mit dem ich gestern gestritten habe?

Das Eintreten für den Nächsten, wenn er in Not ist, ist ein zutiefst christlicher Gedanke!

Nicht immer ist Gott in unserem Tun präsent, aber im Moment der Hilfestellung da spüre ich ihn, da ist Gott gegenwärtig. Was geht in uns vor, wenn wir zum Hydraulischen Rettungsgerät greifen müssen und mit dem Spreizer verletzte Mitmenschen herausschneiden? Woher bekommen wir übermenschliche Kraft, um an der richtigen Stelle anpacken zu können? Die Kraft zu helfen und zu retten, die muss ja von irgendwo her kommen. Was ist es wirklich – vielleicht doch Gott!?

Helfen beflügelt
Bei unserer Angelobung haben wir alle gelobt, unseren Mitmenschen zu helfen – „Gott zur Ehr, dem Nächsten zur Wehr".

Die Begeisterung für meine Feuerwehr wird Hochs und Tiefs erfahren, aber die innere Zufriedenheit geholfen zu haben, die kann mir niemand mehr nehmen. Vielmehr kann mich dieses „geholfen haben" beflügeln, um wieder loszufahren, wenn der Pager oder die Sirene erschallt – um für den Nächsten da zu sein.

Dass wir immer wieder neu Kraft haben unseren Mitmenschen beizustehen, das wünscht sich

DANKE!

Liebe Feuerwehrfamilie!

Sind sie schon vorbei, die Bezirks- und Abschnittsfeuerwehrtage? Wie wurde der diesjährige Florianitag bei euch gefeiert?

Ja, der Monat Mai, der hat es in sich, einen Termin nach dem anderen und die Vorbereitungen auf die „Bewerbe" laufen auch schon auf Hochtouren.

Ich möchte euch einladen, zu entspannen und wieder einmal nachzudenken, was es nicht alles für schöne und attraktive Erfahrungen und Begegnungen in „eurer" Feuerwehr gibt. Vor allem die Kameradschaft, das Miteinander, das „Schmäh führen" ist das, was mir persönlich wirklich gut tut! Ich muss nicht immer das Negative hervorkehren. Wir wissen ja: „Wo gehobelt wird, da fliegen Späne."

Gerade bei den Treffen auf Bezirks- und Abschnittsebene kann man sich austauschen, „alte G'schichtln drucken", neu beleben und sich mitfreuen, wenn ein Kamerad eine Ehrung, einen Orden verliehen bekommt. Ich freu' mich ja mit!?

Wenn Medaillen, Verdienst- und Ehrenzeichen verliehen werden, so möchte der Verband (der auszeichnet) einen sichtbaren Dank für das Engagement zum Ausdruck bringen. Wer freut sich denn nicht, wenn er dekoriert, ausgezeichnet wird. Manchmal habe ich das Gefühl, dass wir zu wenig DANKE sagen, auch im kleinen Kreis nicht, auch bei der eigenen Mannschaft nicht. Es gilt immer mehr, auch in unseren Reihen, eine Kultur des Achtens, des gegenseitigen Respektes (vielleicht) neu zu beleben. Dazu kann jeder beitragen, vom Jugendfeuerwehrmitglied und Probefeuerwehrmann bis hin zur Fachcharge und dem Kommando und darüber hinaus. Jugendfeuerwehrmitglieder, aktive Mannschaft und bewährte Reservisten, sie geben einen tollen „Mix" für eine gemeinsame Weggemeinschaft ab.

Für mich ist es eine besondere Freude und Auszeichnung, ein Feuerwehrmitglied zu sein, dieser Ehre entsprechend sollte ich mich verhalten und mich mit meinen persönlichen Talenten und Eigenschaften einbringen für meine Gemeinschaft und Kameradschaft. Der Dank dafür, der stellt sich von selber ein.

Denn:
Jemand hat zur mir gesprochen und nicht vorbei.
Jemand hat sich mit mir eingelassen und nicht das Risiko gescheut.
Jemand hat mir zugehört und nicht auf die Uhr gesehen.
Jemand hat sich mir zugewandt und nicht ungeduldige Augen gemacht.
Jemand hat mich mitgenommen und nicht sitzengelassen.
Jemand hat sich helfen lassen.
Jemand hat sich als Christ und Feuerwehrmann -frau bewährt!

Auf dass es uns gelingen möge, Worte des Dankens und des Miteinanders in unseren Wehren zu erfahren!

KATASTROPHENHILFE FRÜHER UND HEUTE

Liebe Feuerwehrfamilie!

Beim diesjährigen Florianiempfang wurde im Stift Geras auch die Ausstellung „Vom Löscheimer zur Katastrophenhilfe" würdig eröffnet. Wenn bei den Florianitagen in unseren Heimatgemeinden junge (und junggebliebene) Feuerwehrmitglieder ihre Gelöbnisformel mit der Abschluss-Proklamation „Gott zur Ehr, dem Nächsten zur Wehr" geloben, dann schwingt Tradition mit, Tradition, dem Mitmenschen zu helfen und das schon Jahrzehnte lang!

Angeregt durch die Feuerwehraustellung in Geras stöberte ich in unserem Feuerwehrarchiv meiner Feuerwehr Bad Vöslau und wurde durch unseren FF-Archivar EHBI A. Hoffmann auf ein Holzschild aufmerksam gemacht, worauf zu lesen steht:

> **Harre muthig in Gefahren aus**
> **Treu beschütze Hof + Haus**
> **Gib wenns gilt, dein Leben her**
> **Muthig vorwärts Feuerwehr**

In seiner Form findet sich im zitierten Spruch der Grundgedanke unserer heutigen Gelöbnisformel wieder. Was damals durch die nachbarliche Hilfeleistung gegeben war, das wird heute durch die hohe Einsatzmoral unserer Feuerwehrmitglieder aufrecht erhalten. Durch aktuelle Schulungen und Kameradschaftspflege!

Und trotzdem verunglücken immer wieder Mitglieder unserer Ortsfeuerwehren schwer oder endet der Einsatz auch tödlich. Das trifft uns schwer, es geht ans „Eingemachte". Mit den Kommandanten, FF-Peers und Kuraten kann dann eine Aufarbeitung der Schicksalsschläge mit den Familien und Kameraden erfolgen. Wir rücken zusammen!

Bei den Florianifeiern denken wir an unseren Schutzpatron, den hl. Florian, wir gedenken aber auch ganz bewusst unserer lieben verstorbenen Kameraden, die sich genauso wie wir (oder noch mehr) eingesetzt haben für ihre Nächsten. Unsere Vorreiter sollten wir nicht vergessen.

Im „Jahr der Freiwilligen" wünsche ich uns allen, dass wir von den Einsätzen sowie bei und nach den Übungen unbeschadet wieder „einrücken" können!

In der Hoffnung, dass ihr Euch noch recht lange Zeit – ob alt oder jung – für unsere Feuerwehr engagiert, grüße ich Euch mit einem aufrichtigen „Gut Wehr"!

Die Bettlerin

Liebe Feuerwehrmitglieder!

Mit einer Geschichte möchte ich meine Zeilen für die Weihnachtsnummer von BRAND AUS beginnen:

Gemeinsam mit einer jungen Französin kam Rainer Maria Rilke während seines ersten Pariser Aufenthaltes um die Mittagszeit an einem Platz vorbei, an dem eine Bettlerin saß, die um Geld anhielt.

Ohne zu irgendeinem Geber je aufzusehen, ohne ein anderes Zeichen des Bittens oder Dankens zu äußern, als nur immer die Hand auszustrecken, saß die Frau immer am gleichen Ort.

Rilke gab nie etwas. Seine Begleiterin gab häufig ein Geldstück.

Eines Tages fragte die Französin verwundert nach dem Grund, warum er nichts gebe? Und Rilke gab ihr zur Antwort: „Wir müssten ihrem Herzen schenken, nicht ihrer Hand."

Wenige Tage später brachte Rilke eine eben aufgeblühte weiße Rose mit, legte sie in die offene, abgezehrte Hand der Bettlerin und wollte weitergehen. Da geschah das Unerwartete: die Bettlerin blickte auf, sah den Geber, erhob sich mühsam von der Erde, tastete nach der Hand des fremden Mannes, küsste sie und ging mit der Rose davon.

Eine Woche lang war die Alte verschwunden. Der Platz, an dem sie vorher gebettelt hatte, blieb leer. Vergeblich suchte die Begleiterin Rilkes eine Antwort darauf, wer wohl jetzt der Bettlerin ein Almosen gebe. Nach acht Tagen saß sie plötzlich wieder wie früher am gewohnten Platz. Sie war stumm wie damals, wiederum nur ihre Bedürftigkeit zeigend durch die ausgestreckte Hand.

„Aber wovon hat sie denn all die Tage, da sie nichts erhielt, nur gelebt?", fragte die Französin. Und Rilke antwortete: „Von der Rose ..."

Eine Geschichte. Mittlerweile ist sie im Laufe meines „unrunden" Lebens ein wenig meine geworden. Eine Geschichte, die zum Nachdenken anregt und die Wesentliches aussagt. Eine Geschichte, die auch fragt – und das nicht nur am hohen Weihnachtsfest.

Mit Geld wird viel Gutes und Wertvolles getan und mit Geld wird geholfen. Mit Geld leisten wir uns unendlich viel. Mit Geld, das wir spenden, beruhigen wir hin und wieder unser Gewissen. Und doch kann man mit Geld vieles nicht. Denn so manches ist nicht käuflich und erfüllt auch nicht. Macht nicht Sinn. Und trotzdem jagen alle dem Geld hinterher. Dreht sich alles um das liebe Geld. „Geld regiert nun einmal die Welt!" Traurig genug!

Was wir Menschen aber dringender bräuchten, ist nicht Geld, materieller Wohlstand, sondern wir brauchen auch die Rosen. Dringender denn je. Auch bei uns in der großen Familie Feuerwehr!

Denn im Innersten hungert der Mensch danach, sucht er sehnsüchtigst nach diesen Rosen: Zuwendung und Liebe, ein Wort, das gut tut, das aufrichtet und stärkt, Zärtlichkeit und Anerkennung. Diese Rose der Liebe lässt den Menschen leben und macht ihn erst zum Menschen. Eben: Dem Herzen schenken. Und nicht der Hand.

Weihnachten feiern, nicht aus sentimentalen Gründen, sondern wegen der Liebe! Denn diese Liebe wird als Kind geboren, und sie nimmt trotz aller Widrigkeiten den Kampf auf gegen die Kräfte, die das Leben bedrohen. Doch die Liebe hat es schwer in dieser Welt, unter uns Menschen. Aber gerade dort, wo Hoffnungslosigkeit am größten ist, spricht dieser unbegreifliche, menschgewordene Gott in unsere Herzen eine Liebe hinein, die niemand zerstören kann!

Das ist Weihnachten. Eine frohe Geschichte! Die Geschichte der Liebe! Diese Liebe der Weihnacht wünsch' ich uns, wünsch' ich euch von ganzem Herzen!

November - Monat des Gedenkens

November ist der Monat des Gedenkens. Wie war der Friedhofsgang? Wer ist mir abgegangen? Bei wem mussten wir heuer erstmalig am Grab eine Kerze zum Andenken anzünden?

Es ist schon eigenartig: Wenn jemand stirbt, nicht mehr unter uns ist, dann erst fällt uns häufig auf, wie viele gute Eigenschaften der Verstorbene gehabt hat, was der Kamerad nicht alles für die Feuerwehr getan hat.

Es erst bei der „Leichenred" zu sagen – es wäre zu spät.

Ich finde es als schönen Brauch, dass man sich zum Beispiel nach dem Friedhofgang, nach Begräbnissen, genauso wie bei anderen „Gemeinschaftsübungen" zusammensetzt. Wir essen und trinken, plaudern miteinander, lassen Revue passieren.

KAMERADSCHAFT wird gepflegt!

Kameradschaft zu halten ist die Seele der Feuerwehr!

Sei es bei Übungen, wo ich den Anderen (die Andere) besser kennen lernen kann, ich weiß dann ein wenig besser, wie mein Gegenüber bei diversen Geräten reagieren wird.

Auch die gegenseitige Akzeptanz, andere Meinungen gelten zu lassen, gehört zu einer Gemeinschaft dazu.

Immer wieder wird jemand aus der Gruppe „gepflanzt", aber wenn das mit Charme und Schmäh geschieht, dann ist das eine sehr gute Art, Menschen zusammenzuführen. Und wenn eine gute Stimmung in der Mannschaft herrscht, dann ist die Zusammenarbeit, der Zusammenhalt – besonders auch bei Einsätzen – ein guter.

Freundschaft ist ein Geschenk! Das kann uns im „Monat des Gedenkens" wieder neu in das Bewusstsein gerufen werden. Dankbar sein für die Menschen um uns, auch in unserer eigenen Wehr.

Wir Menschen wissen oft nicht, dass wir für den Einen oder die Andere ein „Geschenk des Himmels" sind.

Mit Petrus Ceelen möchte ich das zusammenfassen:

*Manche Menschen wissen nicht,
wie wichtig es ist, dass sie einfach da sind.*

*Manche Menschen wissen nicht,
wie gut es tut, sie nur zu sehen.*

*Manche Menschen wissen nicht,
wie tröstlich ihr gütiges Lächeln wirkt.*

*Manche Menschen wissen nicht,
wie wohltuend ihre Nähe ist.*

*Manche Menschen wissen nicht,
wie viel ärmer wir ohne sie wären.*

*Manche Menschen wissen nicht,
dass sie ein Geschenk des Himmels sind.*

*Sie wüssten es,
würden wir es Ihnen sagen.*

BRAND AUS 12/2008

Die Suche nach Weihnachten

Liebe Feuerwehrmitglieder!

Wie geht es Euch?
Was beschäftigt Euch gerade – in der Familie, im Beruf bei der eigenen Feuerwehr?

Meistens sind wir bestrebt, unsere guten Talente für unsere Umgebung einzusetzen, unser Bestes zu geben. Wir suchen und „tüfteln".
Bin ich auch auf der Suche nach Weihnachten?

Als Kind war die Advents- und Weihnachtszeit wohl die schönste Jahreszeit für mich. Die Vorbereitung für dieses Fest empfand ich nicht so hektisch, das Besinnliche tat mir gut. Omas frische Vanillekipferln schmeck ich noch nach …
Für jeden bedeutet das Weihnachtsfest etwas anderes, jeder hat einen anderen Zugang. Ist es für den Einen das Gedenken an die Geburt Jesu, kann ein Anderer nicht viel mit diesem Weihnachtsfest anfangen, ist es nur ein „Einkaufen gehen", oder …

Auch jede Familie begeht das Weihnachtsfest anders.

In den letzten Jahren begeht die Feuerwehrfamilie in Tulln eine Weihnachts-vor-feier gemeinsam mit allen am Corso tätigen Mitarbeitern. Gerne nehme ich die Einladung wahr, ein „geistliches Wort" zu sprechen, um auch zu zeigen, wie wichtig mir diese Gemeinschaft geworden ist. Begegnung für Seele und Leib!

Auch das Weitergeben des Friedenslichts von Bethlehem unserer Jugendfeuerwehr macht Begegnung erfahrbar und erlebbar – es ist mir von Jahr zu Jahr mehr eine Freude, an dieser Friedenslichtfeier mitzutun; es hilft mir, auf das Fest der Feste zuzugehen.

Die Weihnachtstage, sie sind besondere Tage, wir können Überraschendes entdecken und finden.

Ob wir es zugeben oder nicht: Jedes Jahr auf Neue sind wir auf der Suche nach Weihnachten.

Spätestens wenn wir in der Heiligen Nacht das Weihnachtslied „Stille Nacht" nach der Melodie von Franz Xaver Gruber singen, spüren wir, dass wir Mensch sein dürfen. Und Mensch sein, das heißt immer auch, dem Leben zu trauen, mit all seinem Licht und all seinem Dunkel.

Möglicherweise spüren wir in diesem Moment:

Ich habe auf das Licht gewartet.
Aber vielleicht ist das Warten schon das Licht?

Ich habe auf die Erfüllung gewartet.
Aber vielleicht ist die Sehnsucht schon die Erfüllung?

Ich habe auf die Freude gewartet.
Aber vielleicht waren die Tränen schon Zeichen des Lebens?

Ich habe auf Gott gewartet.
Und ein Kind kommt zur Welt!

Ein gesegnetes Weihnachtsfest Euch ALLEN!

Weihnachten ist ein geheimnisvolles, überraschendes Fest!

Nicht wegen der Geschenke oder der erwartungsvollen Kinderaugen. Die Überraschung bereitet uns Gott: Er setzt seinen Plan mit uns Menschen so ganz anders um als erwartet. Der „starke Retter" ist ein schlafendes Kind im Schoß seiner Mutter.

Durch das Kind in der Krippe kommt die Wende, kommt Gott selbst zu uns. Weihnachten ist das Überraschungspaket Gottes für uns Menschen. Er hat es liebevoll verpackt und verschnürt, damit wir nicht auf den ersten Blick erkennen, was wir in Händen halten. Wir sind eingeladen, es neugierig hin und her zu wenden, gespannt hineinzuschauen und vorsichtig aufzumachen. Wir sind eingeladen, neue Worte zu finden für diese Weihnachtsgabe: Poesie und Phantasie sind gefragt. Was ist Weihnachten für euch? Welche Melodie summen wir? Vor zweitausend Jahren, da wollte Jesus Christus die Welt heiligen durch seine liebende Ankunft. Das Jesuskind, das wahre Licht, das jeden Menschen erleuchtet, kam in die Welt. Am „Heiligen Abend" feiern wir den Tag seiner Geburt, das hochheilige Weihnachtsfest. Am 24. Dezember singen wir mit allen, die glauben: „Christus ist uns geboren. Kommt, wir beten ihn an!"

Der Retter ist uns geboren!
Über alle Höhen,
durch alle Tiefen
gehst du mit mir.
Über Stock und Stein
leitest du mich,
in aller Dunkelheit
bist du mir Licht.
Ich möchte deine Wege gehen
und bitte dich –
bleib bei mir und behüte mich!

Liebe Feuerwehrfamilie! Seid nicht traurig, wenn heuer zum Weihnachtsfest ein Platz leer bleibt, freut euch mit den Kinderaugen mit. So wünsche ich euch von ganzem Herzen ein gesegnetes Weihnachtsfest!

FRIEDE DEN MENSCHEN SEINER GNADE

Liebe Feuerwehrfamilie!

In diesen Tagen bereiten wir uns auf das Weihnachtsfest vor; überlegen manche von uns, wie wir die diesjährige Feuerwehrweihnachtsfeier gestalten können, damit es nicht nur ein großes Essen sein wird.
Das Weihnachtsfest, es gilt auch als das Fest des Friedens! Wir spüren, wie schwierig sich dieser Anspruch oft gestaltet und auswirkt.
„Friede auf Erden – muss noch werden" schreibt Georg Schwikart in seinem Vierzeiler.
Im Hintergrund laufen auch schon die Vorbereitungen auf die kommenden Wahlen in unserem Feuerwehrwesen an. So mancher Funktionär wird seinen Platz einem anderen überlassen (müssen). Liebe Kameraden, versucht, ohne Streit, ohne lang anhaltende Enttäuschung über die dann erfolgte Wahl, euren Idealen für die Feuerwehr weiterhin gerecht zu werden – vielleicht aus einer anderen Perspektive.
„Friede auf Erden – muss noch werden!"
Das ist vermutlich ein Wunsch, den viele von uns in sich tragen und daran arbeiten wollen, mit all den Gaben, den ER uns geschenkt hat. Manchmal glaube ich, dass wir uns über unsere Fähigkeiten zu vermitteln und zusammenzuführen gar nicht bewusst sind und sie brach liegen lassen. Ein friedvolles Miteinander ist so wichtig für unsere Kameradschaft! Drei Wünsche möchte ich euch auf den Weg zur Vorbereitung auf das Weihnachtsfest – und darüber hinaus – anbieten:

- Selber nach oben offen zu sein und es neu werden zu lassen in unseren Herzen!
- Geborgenheit schenken und empfangen zu dürfen und auch weitergeben zu können!
- Vollends auf Gott vertrauen zu lernen, in Stunden des Suchens!

So wünsche ich euch von ganzem Herzen ein gesegnetes, friedvolles Weihnachtsfest, wo Ihr spüren dürft: „Heute ist uns der Heiland geboren, Verherrlicht ist Gott in der Höhe und auf Erden ist Friede bei den Menschen seiner Gnade!" Habt eine gute Zeit!

SOKRATES

Liebe Feuerwehrfamilie!

Ich sitze am Schreibtisch, die Nebelschwaden ziehen am Fenster vorbei, meine Zigarre erledigt den restlichen Dunst – die Rauchwolke schwebt empor.
Die Novembertage zeigen es schon an, die Adventzeit steht vor der Tür. Was wird uns diese Vorbereitungszeit auf das „Geburtsfest des Heilands in der Krippe" heuer bringen?
Wieder Hektik, Stress, unzählige Weihnachtsfeiern?
Gerne wird in dieser Zeitspanne vom Frieden, vom Weihnachtsfrieden, gesprochen. Gerade wenn wir einen Weihnachtspunsch für die „gute Sache" zu viel haben, dann kann es geschehen, dass wir zu viel plappern, Aufgestautes dann hauausrutscht, obwohl wir es möglicherweise gar nicht so meinen – oder doch? Der Sinn der Gemeinschaftsfeier ist dahin, aus mit dem Frieden!
Wir könnten die Advent- und Weihnachtszeit auch anders nützen. Vielleicht doch wieder einmal besinnlicher durch den Advent spazieren und ganz bewusst versuchen, mit meinen Mitmenschen, mit den Kameraden, den ganz besonderen, friedlich umzugehen. Die Friedenslichtfeier unserer Feuerwehrjugend in der Woche vor dem Christfest ist für mich immer so ein guter Moment. Das Singen, der leuchtende Blick der Jugendlichen im Kerzenschein, da kann man es kaum glauben, dass unter uns auch gestritten wird ...
Die Weihnachtszeit ist immer auch eine Zeit der Geschichten, so erzählt meine Geschichte folgendes:

Ein Nachbar kam zu dem Philosophen Sokrates und sagte zu ihm: „Ich will dir was erzählen ..." Sokrates fragte: „Hast du, was du mir erzählen willst, auch durch ein dreifaches Sieb gelassen?"

- Ist es notwendig, was du mir erzählen willst – notwendig ist es nicht.
- Ist es auch wahr, was du mir zu sagen hast – ob es wahr ist, weiß ich nicht, ich hab's ja nur gehört.
- Ist es gut, was du da vorbringen möchtest – na gut ist es nicht gerade.

Dann behalt's für dich!

Eine schöne Geschichte, wenn wir sie beherzigen würden. Es wäre vieles einfacher, nicht so mühsam, die Stimmung nicht so vergiftet.

Liebe Kameraden!
In den kommenden Begegnungen wünsche ich uns immer wieder die drei Siebe des Sokrates, damit wir gut miteinander auskommen. Auch zum Wohle unserer Feuerwehren, unserer Kameradschaft.
Von ganzem Herzen wünsche ich euch den Weihnachtsfrieden auf Erden, damit dann am Heiligen Abend der Herr wirklich ankommen kann!
Euch, euren Familien und Freunden eine gesegnete Zeit!

Feier beim SOS-Kinderdorf

BRAND AUS 12/20112

DIE WEIHNACHTSORANGE

Liebe Feuerwehrfamilie!

Wenn ich aus meinem Fenster blicke, dann sehe ich durch meinen Zigarrenrauch hindurch Kinder auf der Pfarrwiese, mit dem ersten wenigen Schnee spielen – die erste Schneeballschlacht für dieses Jahr.

Kinder können wohl das kommende Weihnachtsfest, die Vorbereitungen im Advent, am besten an sich heran lassen. In diese Zeit gehören auch Geschichten.

Und so war einmal ...

Schon als kleiner Junge hatte ich meine Eltern verloren und kam mit neun Jahren in ein Waisenhaus in der Nähe von London. Es war schlimmer als ein Gefängnis. Wir mussten 14 Stunden am Tage arbeiten – im Garten, in der Küche, im Stall, auf dem Felde. Kein Tag brachte eine Abwechslung, und im ganzen Jahr gab es für uns nur einen einzigen

Ruhetag: Das war der Weihnachtstag. Dann bekam jeder Junge eine Orange zum Christfest. Das war alles. Keine Süßigkeiten. Kein Spielzeug. Aber auch diese eine Orange bekam nur derjenige, der sich im Laufe des Jahres nichts hatte zuschulden kommen lassen und immer folgsam war. Diese Orange an Weihnachten verkörperte die Sehnsucht eines ganzen Jahres. So war wieder einmal das Christfest herangekommen. Aber es bedeutete für mein Knabenherz fast das Ende der Welt. Während die anderen Jungen am Waisenhausvater vorbeischritten und jeder seine Orange in Empfang nahm, musste ich in einer Zimmerecke stehen und zusehen. Das war meine Strafe dafür, dass ich eines Tages im Sommer aus dem Waisenhaus weglaufen wollte. Als die Geschenkverteilung vorüber war, durften die anderen Knaben im Hofe spielen. Ich aber musste in den Schlafraum gehen und dort den ganzen Tag über im Bett liegen bleiben. Ich war tieftraurig und beschämt. Ich weinte und wollte nicht länger leben. Nach einer Weile hörte ich Schritte im Zimmer. Eine Hand zog die Bettdecke weg, unter die ich mich verkrochen hatte. Ich blickte auf. Ein kleiner Junge namens William stand vor meinem Bett, hatte eine Orange in der rechten Hand und hielt sie mir entgegen. Ich wusste nicht, wie mir geschah. Wo sollte eine überzählige Orange hergekommen sein?

Ich sah abwechselnd auf William und auf die Frucht und fühlte dumpf in mir, dass es mit der Orange eine besondere Bewandtnis haben müsse. Auf einmal kam mir zu Bewusstsein, dass die Orange bereits geschält war, und als ich näher hinblickte, wurde mir alles klar, und Tränen kamen in meine Augen, und als ich die Hand ausstreckte, um die Frucht entgegenzunehmen, da wusste ich, dass ich fest zupacken musste, damit sie nicht auseinanderfiel.

Was war geschehen? Zehn Knaben hatten sich im Hof zusammengetan und beschlossen, dass auch ich zu Weihnachten meine Orange haben müsse. So hatte jeder die seine geschält und eine Scheibe abgetrennt, und die zehn abgetrennten Scheiben hatten sie sorgfältig zu einer neuen, schönen und runden Orange zusammengesetzt.

Diese Orange war das schönste Weihnachtsgeschenk in meinem Leben. Sie lehrte mich, wie trostvoll echte Kameradschaft sein kann.

Auch während des Jahres kann in unseren Feuerwehren das Gefühl des friedlichen Zusammenseins (ein wenig Weihnachten) wichtig sein und echte Kameradschaft fördern!

WEIHNACHTEN sei dir ...

WEIHNACHTEN sei dir ein Fest der Stille,
mit viel Ruhe und Zeit zum Nachdenken
über Gottes Gegenwart in dieser Welt.

WEIHNACHTEN sei dir ein Fest der Freude
und zeige dir neu, was Gott uns geschenkt
an Gaben und Freuden, an Liebe und Glück.

WEIHNACHTEN sei dir ein Fest des Lichtes
und stärke dich neu in dem Vertrauen,
dass dir Gott in seiner Liebe entgegenkommt.

WEIHNACHTEN sei dir ein Fest des Friedens,
dass du Gottes Güte und Menschenfreundlichkeit
ganz neu erleben und verwirklichen kannst.

WEIHNACHTEN sei dir ein Fest des Segens
Gott möge dich so reichlich beschenken,
dass du aus dieser Fülle weitergeben kannst.

So sei dir WEIHNACHTEN wirklich ein Fest
voll Freude, Friede, Licht und Segen,
damit du zu dir und zu Gott finden kannst.

Ein gesegnetes Fest euch allen und kommt's wieder gut und unbeschadet nach den Einsätzen, auch im Jahr 2013, in das Feuerwehrhaus zurück!!

Die Weihnachtsengel

Liebe Feuerwehrfamilie!

Es ist sechs Uhr Morgens und ich genieße die Stille! Bewusst beginne ich den Tag mit Ruhe, betrachte die Termine des heutigen Tages. Lass' mich schon jetzt in der Vorbereitung auf die Menschen ein und hoffe den kommenden Begegnungen gerecht zu werden.

Mein Terminkalender hat viele Namen und Veranstaltungen vermerkt, weltliche wie geistliche „Events" sind – im fast abgelaufenen Jahr – aufgeschrieben worden.

Und jetzt, jetzt kommt die „stillste Zeit im Jahr", so wird der Advent, die Vorbereitungszeit auf das Weihnachtsfest, gerne genannt. Gerade in unserer lärmenden Welt brauchen wir viel Stille, um innerlich zu genesen. Es liegt an uns, die Adventzeit für uns, für „mich allein" zu nützen! Friedenslichtfeier, Adventfeiern in der eigenen Wehr, bewusstes Zusammensetzen mit der Familie (vielleicht um den Adventkranz) können Begleiter durch diese wichtige Zeit sein.

Auch Heilige im Advent – Andras, Barbara, Nikolaus usw. – begleiten uns durch diese Zeit. Und auch Engel.

Abt Johanes Perkmann OSB von der Abtei Michaelbeuern ließ sich von dem Gedankengut „Engel" inspirieren und schreibt, Engel sind heutzutage fast überall anzutreffen. Geschenkartikel, Dekos, Bücher, aktuelle Songs, Schmuckanhänger, aber auch Offenbarungs-Schriften und geheimnisvolle Bilder beschäftigen sich mit den beflügelten Boten. Glaubt man Umfragen, dann boomen die Engel geradezu. Ist das bloß eine nette, aber oberflächliche Behübschung oder geht es da um mehr?

Wer die biblischen Engel betrachtet, wird merken, dass es dabei nicht um eine romantische Verklärung einer oft gar nicht so netten Wirklichkeit geht, auch nicht um große Spekulationen, Geheimwissen oder gar die Beschwörung von dienstbaren Mächten. Die Engel laden uns vielmehr dazu ein, zu begreifen, wie schöpferisch die Möglichkeiten Gottes sind, uns zu beschützen und wie ER uns herausfordert, unsere Verantwortung für andere ernst zu nehmen.

Den zweiten Aspekt hat Wilhelm Willms einmal so formuliert:

> *welcher Engel wird uns sagen*
> *dass das leben weitergeht*
> *welcher engel wird wohl kommen*
> *der den stein vom grabe hebt*
> *wirst du für mich*
> *werd ich für dich*
> *der engel sein*
> *welcher engel wird uns zeigen*
> *wie das leben zu bestehn*
> *welcher engel schenkt uns augen*
> *die im keim die frucht schon sehn*
> *wirst du für mich*
> *werd ich für dich*
> *der engel sein*
> *welcher engel öffnet ohren*
> *die geheimnisse verstehn*
> *welcher engel leiht uns flügel*
> *unsern himmel einzusehn*
> *wirst du für mich*
> *werd ich für dich*
> *der engel sein*

Jeder von uns ist ein Engel mit nur einem Flügel. Und wir können nur fliegen, wenn wir uns umarmen.

Luciano De Crescenzo

Das kommende Weihnachtsfest ist für mich so eine Umarmung, ein Zugehen auf Menschen, um sich gegenseitig mit dem rechten Maß zu stützen. Euch allen von ganzem Herzen ein gesegnetes Fest!

Die kleine Tanne

Liebe Feuerwehrfamilie!

Wenn die Zeit des Laubrechens in meinem Pfarrgarten anfällt, dann ist die Vorbereitung zur Adventzeit und die darauffolgende Weihnachtszeit nicht mehr weit entfernt.
„Leise" habe ich angedacht, wie diese intensive Zeit wieder werden wird …
Erschreckend ist für mich, wie kurzlebig, wie rasch all die prägenden Zeiten vorübergehen, manchmal auch ohne viel nachzudenken.
In einer Zeitschrift habe ich schon im Oktober von der ersten Weihnachtsfeier gelesen, für mich unvorstellbar und ich frage nach dem Sinn einer solchen. Warum feiern wir eigentlich? Geht das Gespür für zeitgerechtes Feiern verloren?
Eine meiner Lieblings-Bibelstellen im Buch Kohelet (3,1-8) handelt von „Alles hat seine Zeit …"
Ich denke, dass es in Tagen wie diesen, mit Hektik beladen und wirtschaftlicher Unsicherheit, es uns allen – mir selbst eingeschlossen – gut täte, innezuhalten, nachzudenken was unserem Leben Sinn gibt.

Die Adventzeit, die Vorbereitungszeit auf das Weihnachtsfest, kann uns Hilfe dazu geben!
Jede unserer Ortsfeuerwehren „bestreitet" ihre eigene Weihnachtsfeier. Es ist immer schön, wenn man gemeinschaftlich zusammen kommt – ich hoffe, der Besinnungsteil kommt nicht zu kurz!
Auch zu Hause, im Kreise der eigenen Familie, können wir uns auf das Weihnachtsfest vorbereiten. Unterstützung sind dabei Roratemessen, besinnliche Adventkonzerte, daheim um den Adventkranz versammelt beten und singen und was sonst der Seele gut tut…
Persönlich freue ich mich schon auf die Friedenslichtübergabe durch die Feuerwehrjugend!

Lyrische Texte, Meditationen tun mir persönlich in der sogenannten hektischen Zeit immer wohl. So auch der Text von Martin Gutl:

Du kleine Tanne,
du wirst wachsen, still, unbemerkt.
Wir werden kämpfen um Lebensraum,
um Energie, um Straßenbau.
Wir werden nach dem Sinn des Lebens fragen.
Du wirst dich still und ohne Fragen entfalten, Zentimeter um Zentimeter.
Wir werden in der Familie, in der Gemeinde, im Staat,
in der Kirche, in der Welt,
Konflikte auslösen, Konflikte verschärfen, Konflikte bereinigen.
Du wirst still dastehen und wachsen,
im Sturm, im Regen, im Schnee,
bei Sonnenschein.
Du stehst da, bleibst da, allem ausgesetzt.
Deine Wurzeln liegen unter der Erde, unsichtbar.
Sie geben dir Halt und Kraft, dich zu entfalten.
Du zeigst uns, was wir zu tun haben:
Warten, werden, reifen, vertrauen, von innen nach außen wirken.

Ich wünsche euch und uns allen, dass wir die prägende Zeit des Advents für uns selbst und unseren Anvertrauten gut nützen können, damit am „Heiligen Abend" die Feier der Geburt Jesu ein Fest werden kann und nicht mit einem Strich vergessen ist.

Das Weihnachtsfest möge in uns nachklingen und Freude und Kraft schenken, auch dann im Jahreszyklus, wenn wir nicht so froh gestimmt sind.

Gesegnete Tage wünsche ich euch und euren Familien von ganzem Herzen – besonders denke an jene, bei denen zu Weihnachten (erstmalig) ein Platz auf dem Festtagstisch leer bleibt!

Das ganze Jahr ist Weihnachten

Liebe Feuerwehrfamilie!

Die schönen Herbsttage sind vorbei, ich genoss sie sehr im Pfarrgarten. Verschiedene Projekte prägten das abgelaufene Jahr in unseren Feuerwehren, jedem nach seiner Fasson, aber das Gemeinsame suchend.

Wenn ich diese Zeilen schreibe, so ist der November angebrochen, das Jahr neigt sich dem Ende zu. Mehrere tragische Todesfälle in letzter Zeit haben mich persönlich sehr berührt, in diesen Situationen kann uns der Glaube Kraft und Hilfestellung sein.
Wer fehlt, ist nicht mehr dabei, dieses Jahr bei der Weihnachtsfeier?
Besonders in den Tagen um Weihnachten ist die Trauer, der Verlust um unsere Verstorben größer zu spüren als im Alltagsgeschehen – im Gebet sind wir verbunden!
Ich weiß nicht, wie es euch ergeht, aber dann wenn besonders schwierige Situationen auftreten, gerade dann, fällt mir das Gebet leichter, gewinnt das Intensivgespräch mit Gott an Bedeutung. Wie oft sprechen wir leise ein Stoßgebet vor dem Ausfahren bei Einsätzen?

Und auch in den prägenden Zeiten des Kirchenjahres wie Advent ist das mentale Stimmungsbild so, dass wir sensibler um unser Gebetsleben bemüht sind uns mehr ansprechen lassen, es gilt ja das Geburtsfest des Jesus von Nazareth auch innerlich vorzubereiten. Wie jedes Jahr können uns die Rorate, Adventmessen, Friedenslichtfeiern in unserem Bereich dabei begleiten.
Wir spüren, dass die typische Weihnachtsstimmung ganz und gar untypisch ist, schreibt der Schweizer Benediktinerabt Martin Werlen in seinem Buch „Das ganze Jahr ist Weihnachten". Darin zitiert er auch das Vorwort zur Regel des hl. Benedikt (45-49) wo es heißt:

Wir wollen also eine Schule
für den Dienst des Herrn einrichten.
Bei dieser Gründung hoffen wir,
nichts Hartes und nichts Schweres festzulegen.
Sollte es jedoch aus wohlüberlegendem Grund
etwas strenger zugehen,
um Fehler zu bessern und die Liebe zu bewahren,
dann lass dich nicht sofort von Angst verwirren
und fliehe nicht vom Weg des Heils;
er kann am Anfang nichts anderes sein als eng.
Wer aber im (klösterlichen) Leben
und im Glauben fortschreitet,
dem wird das Herz weit,
und er läuft in unsagbarem Glück der Liebe
den Weg der Gebote Gottes.

Ich wünsche euch allen, dass ihr die kommende Zeit für euch selbst und euren Familienmitgliedern sowie im Feuerwehr-Freundeskreis gut nützen könnt, unser Herz sich weitet, damit am „Heiligen Abend" die Feier der Geburt Jesu ein Fest werden kann und nicht mit einem Strich vergessen ist.

Das Weihnachtsfest möge in uns nachklingen und Freude und Kraft schenken, auch dann im Jahreszyklus, wenn wir nicht so froh gestimmt sind.

Gesegnete Tage wünsche ich euch allen von ganzem Herzen, besonders jenen die sich einsam fühlen!

BRAND AUS 12/2018

SICH DEM TREIBEN DER WELT ENTZIEHEN

Liebe Feuerwehrfamilie!

In unserem Melker Stiftspark, dort gehe ich gerne spazieren, habe ich die Inschrift „SICH DEM TREIBEN DER WELT ENTZIEHEN" inmitten der herbstlichen Blätter entdeckt.

Gerade in der vorweihnachtlichen Zeit, dem Advent, wo wir die Ankunft der Herrn jedes Jahr neu erwarten, hat mich dieser Spruch in besonderer Weise angesprochen.

„Sich dem Treiben entziehen" – viele von uns jammern über die hektische, vorweihnachtliche Zeit und selbst schaffen wir es kaum, uns dem dann auch zu entziehen. Manchmal hab' ich das Gefühl, dass alles „weltliche" um das Fest der Feste herum wichtiger erscheint als die Grundidee der Geburt des Herrn selbst.

Die vielen Weihnachtsfeiern – an manchen nehme ich auch teil – äußerst selten wird der Gedanke des Weihnachtsevangeliums weitergegeben: „Heute ist euch in der Stadt Davids der Retter geboren ... und plötzlich war bei dem Engel ein großes himmlisches Heer, das Gott lobte und sprach: Verherrlicht ist Gott in der Höhe, und auf Erden ist Friede bei den Menschen seiner Gnade."

Frieden untereinander, die Liebe nicht (weg)-lassen, aufeinander achten, all das schwingt um das Weihnachtsfest für mich mit. Der Wunsch nach dem weihnachtlichen Frieden, er möge ausstrahlen in unsere Familien, Gemeinschaften, in unsere Feuerwehrfamilie und Kameradschaft und für längere Zeit anhalten.

Wenn ihr diese Zeilen zu lesen bekommt, da ist vermutlich der meiste Trubel schon vorbei und ihr konntet euch heuer hoffentlich ein wenig mehr dem Trubel entziehen ...

Von ganzem Herzen wünsche euch allen ein gesegnetes Weihnachtsfest und Gottes Segen für das Feuerwehr-Jahr 2018!

STILLE NACHT

Liebe Feuerwehrfamilie!

In unserer kurzlebenden, hektischen Zeit da steht auf einmal – urplötzlich – der Advent, die Vorbereitungszeit auf die Geburt Christi und das Weihnachtsfest vor der Tür ...

Wir begeben uns auf die Spur der stillen, jeiligen Nacht!

Heuer jährt es sich, dass vor 200 Jahren das weltberühmte Weihnachtslied „Stille Nacht" zum ersten Mal aufgeführt wurde.
 Zu Heiligabend 1818 führten der Arnsdorfer Dorfschullehrer und Organist Franz Xaver Gruber (1787–1863) und der Hilfspfarrer Joseph Mohr (1792–1848) in der Schifferkirche St. Nikola in Oberndorf bei Salzburg das Weihnachtslied Stille Nacht, heilige Nacht erstmals auf.

Dieses Weihnachtslied besingt jene Nacht, in der Jesus Christus geboren wird. Die Melodie und seine trost- und hoffnungsvollen Worte drücken die Sehnsucht nach Geborgenheit aus – „Das Friedenslied für die Welt" ist entstanden und wurde in mehr als in 300 Sprachen übersetzt – denn überall auf der Welt ist die Sehnsucht nach Frieden groß ...
 Das Lied zeichnet die Geburt Jesu idealisierend, in Verbindung mit den Evangelien erschließt sich uns das weihnachtliche Mysterium.
 Die adventlichen, besinnlichen Tage greifen diese Mehrdimensionalität auf und wollen uns auf die Heilige Nacht einstimmen.

Wer sich auf die Spuren der „Stillen Nacht" begibt, der begibt sich auf die Spuren Jesu.
 Liebe Freunde, wo und wie ziehe ich in diesen besonderen Tagen meine Spur? Für wen und mit wem stimme ich mich auf das „Fest der Feste" ein und nehme mir bewusst Zeit?

Die adventlichen, besinnlichen Tage greifen diese Mehrdimensionalität auf und wollen uns auf die Heilige Nacht einstimmen.

Wenn wir heuer bei der „Bescherung" das Lied „Stille Nacht" singen, dann möge es uns Kraft, Hoffnung und Trost schenken.
Habt eine gute Suche nach den Spuren der „Stillen Nacht"...
Gesegnete Tage wünsche ich euch allen von ganzem Herzen, besonders jenen, die sich in diesen Tagen einsam fühlen!

2. Stille Nacht, heilige Nacht!
Hirten erst kundgemacht
Durch der Engel Halleluja,
tönt es laut von fern und nah:
Christ, der Retter ist da! Christ, der Retter ist da!

3. Stille Nacht, Heilige Nacht!
Gottes Sohn, oh, wie lacht
Lieb' aus deinem göttlichen Mund,
da uns schlägt die rettende Stund,
Christ, in deiner Geburt! Christ, in deiner Geburt!

4. Stille Nacht, heilige Nacht!
Die der Welt Heil gebracht
aus des Himmels goldenen Höh'n
uns der Gnade Fülle läßt seh'n:
Jesus in Menschengestalt. Jesus in Menschengestalt.

5. Stille Nacht, heilige Nacht!
Wo sich heut alle Macht
jener Liebe huldvoll ergoß,
die uns arme Menschen umschloß:
Jesus, der Heiland der Welt. Jesus, der Heiland der Welt.

6. Stille Nacht, heilige Nacht!
Lange schon uns bedacht,
als der Herr, vom Zorne befreit,
in der Väter urgrauen Zeit
aller Welt Schonung verhieß.
Aller Welt Schonung verhieß.

Um Die Entstehung dieses weltberühmten Liedes schilderte der Komponist 1854: Es war am 24. Dezember des Jahres 1818, als der damalige Hilfspriester Josef Mohr an der St. Nikolaikirche zu Oberndorf Franz Gruber ein Gedicht übergab. Der Organist übergab noch am selben Abend diesem musikkundigen Geistlichen seine einfache Komposition, die noch in der gleichen heiligen Nacht in der Kirche vorgetragen wurde.

WEIHNACHTSGESCHENK SCHON IM SOMMER

Liebe Feuerwehrfamilie!

Wir rasch doch die Zeit vergeht ...
Standen doch erst diverse Bewerbe im Mittelpunkt, Feuerwehrfeste wurden durchgeführt... – und schon waren die Gedenkfeiern zu Allerheiligen und Allerseelen zu organisieren.

Und mit dem Ersten Adventsonntag beginnt ein neues Kirchenjahr! Lassen wir uns ein auf die „Stille Zeit" den Advent durch die gemeinsamen Rorate- und Adventmessen bis hin zum Weihnachtsfest, das große Geschenk von „der Geburt Jesu"!
Auch die Friedenslichtfeier der NÖ Feuerwehrjugend in Bad Vöslau ist jedes Jahr eine gute Einstimmung auf das „Fest der Feste".

Ich habe heuer schon mein Weihnachtsgeschenk bekommen, gleich nach den Sommerferien!
Im Vorraum zur Kapelle in unserem Pfarrheim war eine Christusikone angebracht und auf einmal war sie weg, wurde sie entwendet. Ich bin sehr traurig darüber, vielleicht auch besonders deshalb, da es ein Geschenk meines verstorbenen Mitbruders (und Feuerwehrkuraten) war.
Unsere Pfarr-Jugend hat meine Traurigkeit erkannt und hat sofort eine neue Ikone selber gezeichnet und an dieser Stelle angebracht, wo „Christus fehlte" ...
So habe ich bereits mein – unerwartetes – Geschenk bekommen!

Ist es nicht so, dass wir uns über Unerwartetes am meisten freuen?! Wo wir spüren können, da mag mich jemand, tritt für mich ein. Das ist Weihnachten!

Auch in unseren Feuerwehrgemeinschaften ist es so wichtig, zusammenzustehen, auf den Nächsten zu achten. Ohne Anlass sich gegenseitig Freude zu schenken. Und wenn es nur ein guter Schmäh ist …

Liebe Feuerwehrfamilie, von Herzen wünsche ich euch, dass ihr immer wieder Geschenke des Herzens und des Wohlwollens erfahren könnt, nicht nur zur Weihnachtszeit, aber da besonders.

Gesegnete Tage wünsche ich euch allen von ganzem Herzen, und auch während des Jahres immer wieder „kleine" (Weihnachts)-Geschenke!

Adventgedanken im Coronajahr 2020

ERST WENN DER ATEM HINZUKOMMT

Liebe Feuerwehrfamilie!

Welch ein Jahr!
Das Jahr 2020 ist eine Herausforderung für unsere Menschheit ...
Pandemie, Krankheit und Terror begegnen uns und dennoch geht unser Lebensablauf – mit „Abstand halten" – seinen Weg. In diesem Jahr wird der Advent und unser Weihnachtsfest ganz anders ablaufen als üblich; keine Weihnachtsmärkte und auch keine Weihnachtsfeiern in unseren Feuerwehren werden in gewohnter Form stattfinden können und dennoch ist es für unsere innere Balance wichtig, dass wir die „Ankunft des Herrn", wie der Advent bezeichnet wird, in unsere Herzen einlassen, um dann am „Heiligen Abend" der Geburt Christi zu gedenken.
Im Herzen müssen wir nicht auf Abstand gehen!
Im Gegenteil, das Zusammenstehen, sensibler für den Nächsten da zu sein, ist das, was uns einmal mehr verbindet. Auch wenn manchmal unsere Tränen fließen ...
Worauf wird es wohl ankommen, damit wir Advent und Weihnachten auch in diesem Jahr wertvoll für uns feiern können?

Mit folgender Geschichte „Erst wenn der Atem hinzukommt" möchte ich versuchen das Wesentliche hervorzuheben:
Der Arzt in einem Pflegeheim beobachtete eines Tages, wie im Haus gegenüber ein kleiner Junge Seifenblasen fliegen ließ. Ganz selbstvergessen formte er eine nach der anderen. Mit fast geschlossenen Augen und gespitzten Lippen blies er vorsichtig in das Stäbchen mit der Lauge und freute sich über jede, die ihm gelang.
Der Junge sah jeder einzelnen Seifenblase noch nach, bis sie der Wind über die Balkonbrüstung trug, dann tauchte er sofort wieder den Halm in den Becher, blies, schloss die Augen, genoss einen neuen Start und wurde dieses Spieles nicht müde.

Der Wind trug die Seifenblasen hinüber zum Pflegeheim, durch die geöffneten Fenster in die Zimmer der Patienten. Die zarten Blasen ließen sich wie kugelige Vögelchen auf den Bettdecken nieder, bevor sie zerplatzten. Die bettlägerigen Menschen waren entzückt über die Abwechslung. Ihre blassen Gesichter bekamen etwas Farbe und die Augen strahlten vor Freude über das seltsame Schauspiel. Manche versuchten die Seifenblasen zu fangen oder weiter zu pusten.

Der Arzt sah dem Treiben in den Zimmern mit freudigem Interesse zu. Er fragte eine jüngere Kollegin, die gerade vorbeikam: „Haben Sie auch einmal Seifenblasen fliegen lassen?" Und ohne Zeit für eine Antwort zu geben, fügte er hinzu: „Der materielle Wert? Ist fast nichts! Was die Sache etwas wert sein lässt, ist der warme Atem des kleinen Jungen dort drüben. Das, was aus dem Innersten eines Menschen kommt, das ist das Entscheidende."

Liebe Feuerwehrfamilie,
von Herzen wünsche ich euch und auch mir, dass wir mit langem und warmherzigen Atem immer wieder Geschenke des Herzens und des Wohlwollens erfahren können, nicht nur zur Weihnachtszeit, aber heuer ganz besonders.

Gesegnete Tage wünsche ich euch allen von ganzem Herzen!

Bild: Nenad Stojkovic

Adventgedanken 2021 (im Lockdown)
WIR HABEN SEINEN STERN GESEHEN

Liebe Feuerwehrfamilie!

Während ich diese Zeilen formuliere stehen wir im 4. Lockdown – noch immer hat uns als Gesellschaft die Corona-Pandemie im Griff.
So manche Vorsichts-Maßnahme wurden getroffen, damit wir alle wieder, in hoffentlich baldiger Zukunft, „unbeschwert" Miteinander-Sein können. Fortbildungen und Übungen in unseren Feuerwehrhäusern, Finnentest, Kameradschaftstreffen, Weihnachtsfeiern in unseren Wehren und vieles mehr sind de facto momentan nicht möglich.
Wie sehr sehnen sich viele von uns, dass wieder Normalität einkehren möge ... – Trotz der Krise dürfen wir uns nicht abhalten lassen, die Advent- und Weihnachtszeit zu begehen.

Zu Weihnachten erinnern wir uns daran, dass Jesus von Nazareth in einem Stall in Bethlehem geboren wurde, weil in der Herberge kein Platz war. „Verherrlicht ist Gott in der Höhe und auf Erden ist Friede bei den Menschen seiner Gnade" – so verkündeten es die Engel den Hirten und große Freude war in ihren Herzen!

Diese Freude der Menschwerdung, sie sollen wir uns nicht nehmen lassen! Bewusst soll es uns werden, eben weil gerade in dieser herausfordernden Zeit nicht all das, was üblich war, selbstverständlich ist und sein kann. Das Weihnachtsfest, es soll uns innere Freude und den inneren Frieden bringen, nicht nur unseren Kindern – ich wünsche es uns so sehr ...

In der Vorbereitungszeit zur Einstimmung auf das „Fest des Friedens" – wie Weihnachten gern genannt wird – lese ich immer wieder gerne Geschichten, Meditationen ...
Heuer wurde ich bei Otto Strohmaier OSB, Benediktiner aus dem Stift St. Lambrecht, in seinem Büchlein „Mitten in der Nacht" fündig:

Wir haben seinen Stern gesehen

Täglich suchten wir am Himmel nach Sternen.
Manchmal entdeckten wir einen neuen Stern.
Eines Nachts aber entdeckten wir ihn: UNSEREN STERN.
Wir wussten: An diesem Stern hängt unser Geschick.
Er war mehr als ein Stern.
Für uns war er ein Zeichen.
Eine Botschaft hatte er für uns.
Irgendetwas rief uns,
oder war es ein jemand?
Hatte ER uns ein Signal geschickt?
Uns wurde klar:
All unser Forschen galt im Grunde IHM.
Schon immer hatten wir IHN gesucht.
Und siehe: Der Stern bewegte sich.
Rief uns, aufzubrechen.
Rief uns, IHM zu folgen.
Und wir machten uns auf den Weg,
trotz Kopfschütteln unserer Freunde.
Dem Stern gingen wir nach.
Manchmal versteckte er sich, ließ uns im Finstern,
mussten wir uns im Dunkeln vorwärts tasten,
mussten Menschen fragen.
Doch dann war er wieder da, im entscheidenden Moment.
Und was fanden wir?
Ein Kind.
Fielen nieder.
Beteten an.
Wir waren am Ziel.

Liebe Feuerwehrfamilie,
von Herzen wünsche ich euch und auch mir, dass wir „UNSEREN STERN" finden, der uns begleitet und hinführt zum Stall in Bethlehem. Gesegnete Tage wünsche ich euch allen von ganzem Herzen, besonders jenen, die sich isoliert fühlen!

EIN AUTO ZU WEIHNACHTEN

In wenigen Wochen feiern wir die Geburt Christi – Weihnachten!

In der Vorbereitungszeit auf das „Fest der Feste", den Advent, können wir uns in Form von Adventmessen und besinnlichen Stunden auch bei Feuerwehr-Weihnachtsfeiern einstimmen lassen. Zum Weihnachtsfest gehören auch Geschichten. Zeit zum Erzählen und Zuhören, um immer wieder neu zu verinnerlichen, was Gott uns in seiner Menschwerdung geschenkt hat. Abt Johannes vom Stift Michelbeuern hat mir folgenden Text von Dan Clark „geschenkt", der mich sehr angesprochen hat – vielleicht besonders, da ich dieses Weihnachten erstmals ohne meinen „Bruder Adolf" (der feiert bereits im Himmel) erlebe.

Mein Freund Paul bekam von seinem Bruder zu Weihnachten ein Auto geschenkt. Als Paul am Nachmittag des Heiligen Abends sein Büro verließ, sah er, wie ein Gassenjunge um sein nagelneu blitzendes Auto herumschlich. Er schien echt begeistert davon zu sein.
„Ist das Ihr Auto, Mister?" fragte er.
Paul nickte. „Ja, mein Bruder hat es mir zu Weihnachten geschenkt."
Der Junge blieb wie angewurzelt stehen: „Wollen Sie damit sagen, Ihr Bruder hat es Ihnen einfach so geschenkt und sie haben nichts dafür bezahlt? Mensch, ich wünschte ..." Er zögerte.
Natürlich wusste Paul, was der Junge sich wünschen würde. Er würde sich wünschen, auch so einen Bruder zu haben. Aber was er sagte, kam für Paul so überraschend, dass er seinen Ohren nicht traute: „Ich wünschte mir", fuhr der Junge fort, „ich könnte auch so ein Bruder sein."
Paul sah den Jungen an – und fragte ihn spontan: „Hast Du Lust auf eine kleine Spritztour mit meinem neuen Auto?"
„Das wäre echt toll, Mensch!" Nachdem sie eine kurze Strecke gefahren waren, fragte der Junge mit glühendem Augenaufschlag: „Mister, würde Ihnen es was ausmachen, bis zu unserer Haustüre zu fahren?"
Paul schmunzelte.

Er glaubte zu wissen, was der Bursche wollte. Er wollte seinen Nachbarn zeigen, dass er in einem großen neuen Auto nach Hause gefahren wurde. Aber Paul irrte sich ein zweites Mal.

„Könnten Sie da kurz halten, wo die beiden Stufen enden?" fragte der Junge.

Er lief die Stufen hinauf. Nach kurzer Zeit hörte Paul ihn zurückkommen. Aber er kam nicht schnell gerannt. Der Junge trug seinen verkrüppelten kleinen Bruder. Er setzte ihn auf der untersten Stufe ab, und dann beugte er sich zu ihm hinunter: „Da ist es, Bruderherz, genauso wie ich es dir oben gesagt habe. Sein Bruder hat es ihm zu Weihnachten geschenkt, einfach so."

„Und eines Tages werde ich dir auch eins schenken, genauso eines wie das hier. Und dann kannst du dir all die schönen Sachen in den Weihnachts-Schaufenstern selbst ansehen – und brauchst sie dir nicht mehr von anderen beschreiben lassen." Paul stieg aus und hob den kleinen Burschen auf den Beifahrersitz. Mit glänzenden Augen setzte sich sein großer Bruder neben ihn – und die drei machten sich auf zu einem Weihnachtsausflug, den keiner von ihnen jemals vergessen würde.

Einen Bruder wie diesen hat uns Gott geschenkt, der uns gezeigt hat, wie reich ein Leben wird, das sich für andere verschenkt. Euch allen mit euren Familien wünsche ich von ganzem Herzen ein gesegnetes Weihnachtsfest!

Texte zu besonderen Anlässen

In den Jahren der Pandemie war kein „Florianiempfang" möglich, aber die Landes-Florianimessen konnten per Radio und Livestream ausgestrahlt werden.

Liturgieablauf Landesflorianimesse 3.5.2020 – Radio NÖ in M. Taferl (Corona)
Zelebrant: Landesfeuerwehrkurat Mag. Pater Stephan Holpfer OSB
Organist: Florian Neulinger; Kantorin: Veronika Neulinger

FLORIANISONNTAG RADIO NÖ

Einleitung:
Wir feiern heute in dieser besonderen Zeit mit den wenigen hier in der Basilika von Maria Taferl und all jenen, die mit uns über Radio verbunden sind, unseren Sonntagsgottesdienst.

Wir feiern den 4. Sonntag der Osterzeit, an dem die Liturgie uns Jesus als den Guten Hirten vorstellt, und die Kirche uns zum Gebet um Geistliche Berufe einlädt. Es ist aber auch der FLORIANISONNTAG, den unsere Feuerwehren heuer nicht öffentlich feiern können, so sind wir hier am „Taferlberg" in Gedanken zusammen und Ehren unseren Schutzpatron, den hl. Florian.

Wenden wir uns Jesus Christus zu, der durch seine Liebe und sein Leiden den Weg gezeigt hat, den zu gehen er uns ans Herz legt.

Kyrie:
Herr Jesus Christus,
in deine Liebe hast du ohne Ausnahme alle Menschen eingeschlossen.
Herr, erbarme dich.

Du sendest uns, deinen Weg der Liebe und Versöhnlichkeit nachzugehen.
Christus, erbarme dich.

Deinen Beistand willst du uns gewähren,
wenn auch uns auf dem Weg der Liebe Leiden trifft.
Herr, erbarme dich.

Vergebungsbitte
Es erbarme sich unser der Herr.
Er verzeihe uns Nachlässigkeit, Versagen und Schuld
und er stärke neu unsere Bereitschaft für ein Leben,
das von der Liebe bestimmt wird. – Amen.

Gloria

Tagesgebet:
Gott,
dein Sohn schenkt Leben und Geborgenheit.
Gib auch unserer Zeit Menschen,
die als gute Hirten das Lebenswerk Jesu fortsetzen
und anderen Menschen eine Tür zum Leben auftun.
Durch Christus, unseren Herrn.

Predigt:
Liebe Mitfeiernde!
Ich erinnere mich, immer dann wenn es mir als Kind nicht gut ging, wenn ich traurig war, dann hat mir meine Mama vor dem Einschlafen ein Gute- Nacht-Lied gesungen (Guten Abend gute Nacht, mit Rosen bedacht, mit Näglein besteckt schlupf unter die Deck! Morgen früh, wenn Gott will, wirst du wieder geweckt …). Diese Zuwendung, sie begleitet mich bis heute!

Welche Erfahrung haben sie in der letzten Zeit gemacht?

Wer war für mich da? Ist für mich einkaufen gegangen, auf wen konnte ich mich in dieser Krisenzeit verlassen? Wir haben Verantwortung füreinander und wir dürfen auch vertrauen, dass der Herr in schwierigen Zeiten mit uns ist. Wenn wir heute hier in Maria Taferl und sie zu Hause Gottesdienst feiern, so können wir spüren, dass wir am „Guten-Hirten-Sonntag" nicht alleine sind. Wir spüren Zuwendung!

Da können Räuber und Diebe kommen, die Türe kann zugeknallt oder offen gehalten werden, wie es im Evangelium anklingt, und dennoch ist da jemand, der mich an der Hand nimmt. JESUS der GUTE HIRT.

Auch heute noch werden Menschen gerufen – berufen, um für andere da zu sein, sie zu begleiten und dem Nächsten zu helfen. Berufung haben, nicht irgendeinen Job erfüllen – berufen zu sein, in unserem Leben, für etwas einstehen – auf den Ruf hören – es ist etwas Wunderbares.

Meine Ortsfeuerwehr von Bad Vöslau hat mir im Vorjahr zu meinem Priesterjubiläum einen Baum, eine japanische Kirsche zum Geschenk gemacht, weil ich meinen Garten so liebe; der Baum war ein bisserl mickrig und heuer blühte er schon so wunderschön!

Und da bin ich am Florianisonntag bei unserer Feuerwehr, beim Feuerwehrwesen in unserem ganzen Land.

Florian heißt übersetzt der BLÜHENDE, wie oft wirkt es auf den ersten Blick anders, als es dann tatsächlich wird.

Eine Krise, egal welche, bietet uns die Chance zu lernen, andere in meinen Händen zu halten und umgekehrt auch gehalten zu werden.

Es gibt so viele gute Hirten und Hirtinnen um uns.

Unsere Eltern, Kinder, Freunde, Kameraden ...

Viele Vorbilder dieser Art sehe ich jetzt bildlich vor mir.

Der hl. Florian ist auch ein „Abbild" des Guten Hirten Jesu und er ist es für viele Feuerwehrmitglieder bis heute.

Feuerwehrmann, Feuerwehrfrau, Mitglied der Feuerwehrjugend zu sein, das kann man NUR aus Berufung!

Neue Wege, neue Berufungen, sind im Zeitgeist von heute schnell gesagt, aber über Berufung nachzudenken, heißt: Nicht stehen zu bleiben, heißt auch sich verändern, immer wieder neu aufzubrechen.

Aufbruch heißt auch von so manchem Abschied zu nehmen. Das ist auch mit Schmerzen verbunden – in jeder Gemeinschaft, jeder Organisation (Feuerwehr, Kirche, Politik ...). Es führt uns nicht weiter, wenn wir dem was war nachtrauern. Richten wir unseren Blick nach vorne.

Denn einzig und allein zählt, dass wir die Botschaft Jesus verstehen und auch leben, nicht nur dann, wenn´s mir gerade passt und ich vielleicht das Bedürfnis habe, ein wenig fromm und aktiv zu sein.

Berufen zu sein heißt, jederzeit bereit zu sein, auch im Alltag.

So wie der hl. Florian, vor allem dann bereit zu sein, wenn Gefahr im Verzug ist, wenn der Nächste Hilfe braucht (... nicht erst zu schauen, wer ist das?)

Wir müssen uns einlassen, ein Wagnis einzugehen!

Denn: „Wenn aus Tränen ein Lächeln entsteht – dann öffnet sich der Himmel". (Johannes XXIII)

Fürbitten

Herr Jesus Christus, du bist der gute Hirte und die Tür zu einem Leben in Fülle. Wir bitten dich:

1. Für alle die sich in den Mühen des Alltags zu verlieren drohen, schenke ihnen immer wieder Momente, in denen sie dich spüren können.

2. Für alle Menschen, die eine Nachfolge im geweihten Leben erwägen, dass sie nicht Angst haben, im Leben zu kurz zu kommen und dass sie ihre Freude an diesem Dienst stärkt.

3. Für alle Mitmenschen in den Corona-Virus-Krisengebieten und Katastrophenherden unserer Erde, dass sie durch Ängste und Zukunftssorgen nicht verzweifeln, sondern Trost und Hilfe erfahren.

4. Für alle Mitglieder der Blaulichtorganisationen, die sich ehrenamtlich für den Nächsten einsetzen: Lass' sie spüren, dass ihr Einsatz nicht vergeblich ist.

5. Für unsere Verstorbenen, insbesondere für die, die uns begleitet haben; dass sie die Fülle des Lebens erfahren.

Du rufst uns beim Namen, weißt um alle unsere Ängste und Sorgen. Wir gehören zu dir, sei mit uns alle Tage unseres Lebens.

Meditation: Gebet der Töpfer von Taizé

Herr, mache mich zu einer Schale,
offen zum Nehmen,
offen zum Geben,
offen zum Beschenktwerden,
offen zum Bestohlenwerden.

Herr, mache mich zu einer Schale für Dich,
aus der Du etwas nimmst,
in die Du etwas hineinlegen kannst.

Wirst Du bei mir etwas finden,
was Du nehmen könntest?
Bin ich wertvoll genug,
sodass Du in mich etwas hineinlegen wirst?

Herr, mache mich zu einer Schale
für meine Mitmenschen,
offen für die Liebe,
für das Schöne, das sie verschenken wollen,
offen für ihre Sorgen und Nöte,
offen für ihre traurigen Augen
und ängstlichen Blicke, die von mir etwas fordern.
Herr, mache mich zu einer Schale.

Das Gebet der Töpfer von Taizé entstand in der Töpferei der Ordensgemeinschaft unter Frère Roger. Er gründete diese Gemeinschaft in einem kleinen Ort namens Taizé in Burgund.

Schlussgebet:
Gütiger Gott,
in dieser Feier hast du uns gestärkt für unseren Alltag
und die Aufgaben, die uns anvertraut sind.
Du hast dich uns als guter Hirt erwiesen.
Dafür danken wir dir.
Lass uns immer wieder aus deiner Güte leben
und auf die Stimme deines Sohnes hören.
Jetzt und alle Tage unseres Lebens. Amen.

Verabschiedung:
Am Schluss unseres gemeinsamen Gottesdienstes danke ich Ihnen für das gemeinsame Feiern.
    Den Mitgliedern unserer Feuerwehren wünsche ich stets ein gutes Einrücken, ein gesundes Heimkommen nach den Einsätzen und uns allen wünsche ich, dass wir in dieser Coronazeit KRAFT, MUT und auch den HUMOR nicht ganz verlieren.

Der SEGEN GOTTES möge uns dabei begleiten.
Der Herr sei mit euch!

Landes-Florianimesse So 02. 05. 2021 - Maria Taferl
10:00 LIVESTREAM NÖ Landesfeuerwehrverband (Corona II)
Zelebrant: Mag. P. Stephan Holpfer OSB; LFKUR
Lektor: LHStv. Dr. Stephan Pernkopf
Musikalische Gestaltung: Florian Neulinger (Organist) mit Ensemble

FLORIANISONNTAG MARIA TAFERL

Einleitung:
Wieder sind wir in Maria Taferl zusammengekommen um miteinander Gottesdienst zu feiern. Wir feiern hier in der Basilika mit denen, die coroanbedingt zusammenfinden konnten und auch über Livestream auf der Facebook-Seite des NÖ Landesfeuerwehrverbandes.

Es ist ja auch der Florianisonntag, den unsere Feuerwehren bereits zum zweiten Mal nur eingeschränkt feiern können, so sind wir hier am „Taferlberg" in Gedanken zusammen und ehren unseren Schutzpatron, den hl. Florian – gemeinsam auch mit der Rauchfangkehrerinnung.

Wenden wir uns Jesus Christus zu, der durch seine Liebe und sein Leiden Weg gezeigt hat, den zu gehen er uns ans Herz legt.

Kyrie:
Herr Jesus Christus,
in deine Liebe hast du ohne Ausnahme alle Menschen eingeschlossen.
Herr, erbarme dich.

Du sendest uns, deinen Weg der Liebe und Versöhnlichkeit nachzugehen.
Christus, erbarme dich.

Deinen Beistand willst du uns gewähren,
wenn auch uns auf dem Weg der Liebe Leiden trifft.
Herr, erbarme dich.

Vergebungsbitte
Es erbarme sich unser der Herr.
Er verzeihe uns Nachlässigkeit, Versagen und Schuld
und er stärke neu unsere Bereitschaft für ein Leben,
das von der Liebe bestimmt wird. – Amen.

Gloria

Tagesgebet
Gütiger Gott,
dein Sohn hat uns in Zeichen, Worten und Beispielen Ideen dafür gegeben, wie wir ihm folgen können.
Doch immer wieder haben wir unsere Fragen und Zweifel.
Sei du mit uns,
wenn wir unser Leben im Licht deiner Frohbotschaft gestalten wollen.
Erfülle uns mit deinem Heiligen Geist,
um die Zeichen unserer Zeit angemessen deuten zu können.
So bitten wir durch Jesus Christus, unseren Bruder und Herrn. – Amen.
Martin Stewen

Predigt
(5. Sonntag der Osterzeit, B; Lesung Apg 9,26-31; Evangelium Joh 3,18-24

Liebe Mitfeiernde, poetisch möchte ich sie einstimmen:
„Deine Geduld möchte ich haben",
sagte der weiße Mann
zum Südsee-Insulaner.
„Du liegst müßig in der Sonne
und wartest darauf,
dass dir Bananen und Kokosnüsse
reif in den Schoß fallen."

„Warum sollte ich nicht",
erwiderte der.
„Früchte reifen nicht schneller,
wenn man sie beschimpft.
Früchte werden auch nicht süßer,
wenn man sie tadelt.
Früchte reifen an der Sonne –
und nur wer warten kann,
wird sie ernten dürfen."

Aus: Adalbert Ludwig Balling; Liebe rechnet nicht.
Missionsverlag Mariannhill, Würzburg 1998.

Um uns das zu veranschaulichen, gebraucht Jesus im heutigen Evangelium das Bild vom Weinstock, vom Winzer und von den Reben. Denn wo wir diesen Kontakt zu IHM verlieren, dieses In-Beziehung-Sein nicht ernst nehmen, sind wir wie Zweige, die vom Stamm abgeschnitten werden und verdorren und schließlich ins Feuer geworfen werden. Deutlicher kann es wohl nicht gesagt werden. Und das sollten wir uns auch als Kommune, als Gemeinschaft von Gläubigen, als Kirche, zu Herzen nehmen.

An ihren „Früchten" werdet ihr sie erkennen. Wir kennen diesen Spruch, der dann und wann auch locker dahergesagt wird. An ihren Früchten, die reiften, daran erkennt man, wer aus seinen Talenten etwas hervorholt, etwas daraus macht. Wie man Werbung dafür macht!

Und wir sollen Frucht bringen. Sichtbare Werke der Liebe. Freiwerden von allem, was uns daran hindert, zu lieben.

Denn nur das ist Erfolg, wie Erwin Ringel (dieser Tage wäre er 100 Jahre alt) sagt, was einem anderen zugute kommt. Es zählt letztlich nur das, was aus Liebe geschieht. Aufgesetztes geht eh nicht.

Und da bin ich bei meiner Feuerwehr! Unsere Arbeit, unsere Einsätze sind letztendlich „Liebesdienste" an unseren Mitbürgern, an den Nächsten. Auch da braucht es Gottvertrauen, gerade auch bei belastenden Einsätzen oder in der Coronazeit, wo alles an Handlungen und Arbeiten in der Feuerwehr schwierig scheint.

Schwierigkeiten wird es immer geben. Auch zur Zeit des hl. Florian war es nicht lustig mit den römischen Besatzern.

Übrigens – gejammert wird auch immer …

Im Glauben und im Alltag auf IHN, unseren Herrn, schauen, kann eine Hilfe sein.

Wer auf Jesus schaut, bleibt nicht derselbe: Er wird verwandelt.

Und wenn wir „dranbleiben", dann wird es so sein, dass wir weiter wachsen – vielleicht sogar über uns selbst hinaus.

Fürbitten
P: Herr Jesus Christus,
du lädst uns ein, deinen Weg in dieser Welt zu gehen,
um die Werke zu vollbringen, die du selbst getan hast
und die den Vater im Himmel preisen. – Wir bitten dich:

1. Für alle, die sich in den Mühen des Alltags zu verlieren drohen, schenke ihnen immer wieder Momente, in denen sie dich spüren können.

2. Der hl. Florian hat für den Glauben an Jesus Christus sein Leben gegeben. Lass die Menschen treu zum Glauben stehen und in allen Lebenssituationen auf Gott vertrauen.

3. Für alle Mitmenschen in den Corona-Virus-Krisengebieten und Katastrophenherden unserer Erde, dass sie durch Ängste und Zukunftssorgen nicht verzweifeln, sondern Trost und Hilfe erfahren.

4. Für alle Mitglieder der Blaulichtorganisationen, die sich ehrenamtlich für den Nächsten einsetzen: Lass sie spüren, dass ihr Einsatz nicht vergeblich ist.

5. Für unsere Verstorbenen, insbesondere für die, die uns begleitet haben, dass sie die Fülle des Lebens erfahren.

P: Herr Jesus Christus,
wir danken dir für deinen Sorge um uns,
für deine Liebe und deinen Beistand,
heute und alle Tage unseres Lebens. Amen.

Schlussgebet
Allmächtiger Gott,
am Festtag des heiligen Florian und seiner Gefährten
haben wir von dem einen Brot gegessen.
Erhalte uns in der Liebe zu dir
und zu allen Menschen
und lass uns im neuen Leben wandeln,
das du uns geschenkt hast.
Darum bitten wir durch Christus, unseren Herrn.

Verabschiedung:
Am Schluss unseres gemeinsamen Gottesdienstes danke ich Ihnen für das gemeinsame Feiern. Dank auch für die musikalische Gestaltung (Florian Neulinger mit Esemble). Den Mitgliedern unserer Feuerwehren wünsche ich stets ein gutes Einrücken nach den Einsätzen und uns allen wünsche ich, dass wir in dieser Coronazeit KRAFT, MUT und auch den HUMOR nicht ganz verlieren.

Der Segen Gottes möge uns dabei begleiten.

Segen
Der Herr stärke unser Vertrauen,
dass wir uns dem Wandel nicht verweigern
und die Chancen der Zeit ergreifen.
Der Herr stärke unseren Mut,
dass wir loslassen können, was vergangen ist,
und festhalten, was unsere Zukunft begründet.
Der Herr stärke unsere Liebe,
dass wir das Leben schützen,
für die Schwachen einstehen und unsere Wege,
wenn auch in kleinen Schritten, gehen.
Und so segne …

Roland Breitenbach u. Stefan Philipps: Segen für dich.
Dein Begleiter durch das Jahr, Verlag Katholisches Bibelwerk, Stuttgart 2005.

GEDENKMESSE ZUM BRAND DER ORTMANN-PAPIERFABRIK

Am 17. Dezember 1971 – vor 50 Jahren – kam es in Ortmann zum Brand der Papierfabrik. Rund 200 Mitglieder von mehreren Feuerwehren kämpften stundenlang gegen die Flammen. Kurz nach 20:00 Uhr kam es zum Einsturz einer Betondecke, welche 5 Feuerwehrmänner unter sich begrub.

Unter den tödlich verunglückten Einsatzkräften befanden sich auch unsere Kameraden BM Rudolf Lechner und HFM Helmut Simon.

Aus diesem Anlass findet am Freitag, den 17. Dezember 2021 um 18:30 Uhr in der Pfarrkirche Markt Piesting ein Gedenkgottesdienst, zelebriert von Landesfeuerwehrkurat Pater Stephan Holpfer, statt. Zusätzlich wird um 19:00 Uhr ein kurzer Beitrag in NÖ heute ausgestrahlt.

Aus diesem Anlass sind wir heute zusammengekommen um den Kameraden in Treue zu gedenken, sie sind nicht vergessen.

Kyrie:
Herr Jesus Christus, du bist unser Weg.
Heute beginnen wir vielleicht mehr als bisher zu begreifen,
dass unser Leben Gabe und Aufgabe ist.
/: Herr, erbarme dich unser. :/

Herr Jesus Christus, du bist die Wahrheit.
Heute beginnen wir vielleicht mehr als bisher
zu erkennen, was uns der Verstorbene bedeutete
und was wir mit ihm verloren haben.
/: Christus, erbarme dich unser. :/

Herr Jesus Christus, du bist das Leben.
Heute beginnen wir vielleicht mehr als bisher zu erfahren,
dass wir nicht selbst Herr über unser Leben sind.
/: Herr, erbarme dich unser. :/

Tagesgebet:
Gott im Himmel und bei den Menschen,
hilflos stehen wir immer dem Sterben unserer Lieben gegenüber.
Es fällt uns schwer,
das Leben und seine Sterbevorgänge zu begreifen
und zu bejahen.
Der Tod ist unabänderlich.
Du aber hast dich in Jesus von Nazareth
in unser Leben und Sterben hingegeben.
Damit hast du uns gezeigt,
dass uns nicht einmal der Tod
von deiner liebevollen Zuwendung trennen kann.
Das ermutigt uns zum Vertrauen.
Das stärkt uns in unserem Glauben.
Das lässt uns leben in Zeit und Ewigkeit.
Amen.

Predigt:

Ev: Joh 14,1-6

Im Haus meines Vaters gibt es für jeden eine Wohnung. Heute genau auf den Tag vor 50 Jahren jährt sich der Einsatz des Großbrandes in der Ortmanner Papierfabrik (17. Dezember 1971).

Bei diesem Einsatz mussten fünf Kameraden ihr Leben für den Dienst am Nächsten lassen – sie sind nicht vergessen, auch nach all den Jahren nicht. Wenn damals am Begräbnistag (23.12.1971) der seinererzeitige LFKUR P. Volkmar Kraus mit euch war, so ist es mir ein großes Anliegen, dass ich – als heutiger LFKUR – mit euch bin, dass ich meine kameradschaftliche Verbundenheit bei diesem Gottesdienst mit euch zeigen darf.

Auch unser LFKDT Dietmar Fahrafellner lässt durch mich seine Anteilnahme übermitteln.

Liebe Mitfeiernde an diesem Gedenkgottesdienst!
Es gibt Momente in einem Menschenleben, die vergisst man nicht, so wie es bei euch auch ist. Die Brandkatastrophe von Ortmann ist bei euch un-vergessen. Und gerade in der Vor-Weihnachtszeit sind wir sensibler gestimmt, berühren uns solche dramatische Ereignisse von einst in besonderer Weise. Trotz aller Hilfsbereitschaft und Anteilnahme, Narben sind geblieben.

Wem es gegeben ist, in menschlich schwierigen Situationen weiterhin an Gott zu glauben, der findet in dem, was wir zu Weihnachten gedenken – in diesem Glauben – Kraft, Halt und auch Trost.
Im Evangelium haben wir gehört, dass es für jeden eine Wohnung im Hause Gottes gibt. Auch unsere Kameraden sind im Hause Gottes eingekehrt, dessen bin ich gewiss!

Unsere Kameraden sind einst gegangen.
Ihr irdisches Lebenslicht ist erloschen.
Sie weilen nicht mehr unter uns.
Wir können es noch nicht fassen.
Wir lebten gemeinsam,
nun ist es ein Stück einsam geworden.
Das Dasein füreinander,
das Besorgtsein umeinander –
alles ist zu Ende.
Wie unerbittlich doch der Schlusspunkt bei einem Lebenslauf ist.
Wie kurz war ihr Leben,
wenn es mit wenigen Daten beschrieben wird.
Wer kann ermessen,
was ihr ganzes Leben gewesen ist?
All die vielen wertvollen Augenblicke –
in Worte können wir sie nicht erfassen.
Das Wesentliche tragen wir im Herzen.
Unsere Gedanken kreisen um das, was war.
Es wird nie mehr so sein.
Wir wissen, was wir verloren haben.
Nun zünden wir eine Kerze für euch an (Grablicht)
und denken an euch.
Ihr seid gegangen –
wir sind mit unseren Gedanken zurückgeblieben.
RIP
Ihr habt eure Aufgabe erfüllt und seid nach Hause gegangen. – Amen

Fürbitten:

P: Zu unserem Gott, der ein Gott der Menschen ist,
lasst uns beten:

Gott der Menschen,
du hast Jesus nicht im Tod gelassen,
denn dein Anteil ist Leben.
Wir bitten dich,
hole auch dein Volk heraus aus den Gräbern
und führe unsere Verstorbenen in das Land des Lebens.

Gott der Menschen,
du ziehst deine Hand von keinem Menschen zurück.
Wir bitten dich,
gedenke unserer Feuerwehrkameraden,
für die wir heute besonders beten
und schenke ihnen deine bleibende Nähe.

Gott der Menschen,
du kennst das Leben und die Geschichte aller Menschen.
Wir bitten dich,
kläre, was im Leben nicht zu klären war,
heile, was verwundet wurde
und lohne reichlich die zeitlebens geschenkte Liebe.

Gott der Menschen,
du bist in Jesus von Nazareth gefühlvoll unter die Menschen gegangen.
Wir bitten dich,
stehe allen Weinenden und Trauernden bei,
dass sie Hilfe finden durch Menschen,
die schweigen, trösten und mittragen können.

P: Denn du, o Gott der Menschen,
bist ein getreuer Gott.
Auf dich können wir uns verlassen
in Zeit und Ewigkeit.
Amen.

Autosegnung

Heute wird das neue HLF 4 Hilfeleistungslöschfahrzeug gesegnet und offiziell seiner Bestimmung übergeben. – Freude, nicht nur für die Feuerwehr ...

Feuerwehr-Einsatz-Fahrzeuge benötigen dann und wann auch ein Service. Ein Feuerwehrauto, dass nicht regelmäßig gewartet wird, droht stehen zu bleiben, heißzulaufen, zu klappern und zu rosten.
Das ist mit den Fahrzeugen so, das ist auch bei uns Menschen so.
D. h. unser Glaube gehört genauso gewartet wie eure Autos.

Bei jedem Autocheck wird das Öl gewechselt. Öl muss immer ausreichend vorhanden sein, immer wieder erneuert werden, damit der Motor rund und ruhig läuft.
Das Öl in unserem Glaubensleben sind Texte aus der Bibel.
Wenn ihr bei dem, was ihr im Religionsunterricht gehört habt, stehen geblieben seid, dann wird's Zeit zu einem Öl-Wechsel, zu neuen Bibel-Geschichten. Lesen in der Heiligen Schrift, am besten die aktuelle, revidierte Ausgabe.

Auch die Bremsen gehören überprüft, müssen nachgestellt werden. Defekte Bremsen sind reiner Selbstmord im Straßenverkehr, aber erst recht im Einsatz, wenn wir mit Blaulicht zur Einsatzstelle manchmal doch recht rasant unterwegs sind und dann reagieren müssen.
Auch in unserem Glauben kennen wir solche Bremsen. Die 10 Gebote. Es ist wichtig, dass wir die Bremswirkung der 10 Gebote bei uns immer wieder kontrollieren. Nur so können wir uns vor Zusammenstößen mit anderen Menschen schützen.

Die Beleuchtung am Fahrzeug, die Scheinwerfer sind wichtig, um gesehen zu werden und mit wir etwas wahrnehmen können. Licht brauchen wir.
Auch in unserem Leben gibt es ja dunkle Zeiten, die hat ein jeder von uns. Und in diesen Situationen, da brauchen wir Licht, das uns den Weg weist, das wärmt und Vertrauen schenkt.

Und dann habe ich noch die Spurmessung am Auto. Laufen die Räder des Autos in der richtigen Spur? Nicht auseinander oder so ... Denken wir an das Reifenprofil.

Ähnlich gilt auch unser Leben als Christ. Wenn wir das eine meinen und das andere sagen, das eine wollen und das andere tun. Wir müssen aufpassen, dass wir nicht glatt und profillos werden, sonnst verlieren wir erheblich an Wirkung.

Jedes geistliche Wort ist der Versuch, unseren Glauben zu stärken, das ist u. a. die Aufgabe eines Feuerwehrkuraten.

Service für Einsatzfahrzeuge – wie auch für die Menschen die sie lenken, die die Geräte fachgerecht bedienen – ist wichtig.

So wünsche ich viel Freude mit dem neuen Einsatzfahrzeug (HLF 4) und vergesst das Service nicht!

Segnung: FF – Haus Leesdorf 1. 9.2013
Schriftstelle: Mt 7, 21-24.29

DAS NEUE HAUS

Seit Freitag ist das Feuerwehrfest zu Leesdorf im Gange; Heute wollen wir im Rahmen der Feldmesse einerseits Dank sagen für 110 Jahre Feuerwehrhaus und das neue Haus segnen, sowie anderseits um den Segen bitten für das, was kommen mag. Das Herz des NÖ Feuerwehrwesens, hier in Baden, in Leesdorf, ist auf gutem Felsen, auf gutem Boden gebaut. So ein Fels, ein Fundament der Feuerwehr, ja das wird schon so manchen Sturm aushalten müssen. Nicht immer herrscht diese Festtagstimmung wie heute. Im menschlichen Miteinander von uns Feuerwehrmitgliedern gibt es natürlich auch ab und zu einen Wolkenbruch, so wie auch beim Bauen, aber weil es immer um die SACHE Feuerwehr geht, darum hält unser Feuerwehr-Sein alle Stürme aus.

Mit dem Sinnbild dieses Ziegelsteines darf ich einige Gedanken formulieren: Wenn der Bau eures Feuerwehrhauses, in dem auch die Bezirksalarmzentrale Platz gefunden hat, für lange Zeit gelingen soll, dann müssen sie die Eigenschaften dieses Ziegelsteines haben. Der Klumpen Ton musste zuerst geformt werden – wie wir auch durch manche „Kneterei" von Schulungen hindurch mussten; Lernjahre bei der Jugendfeuerwehr, div. Kurse bis man dann auch Führungsqualität erworben hat und auch ausüben kann. Dann ging dieser Stein durchs Feuer – wie ihr auch schon durch so manches Feuer gegangen seid, nicht nur bei Einsätzen. Und jetzt, jetzt kann der Stein passend eingefügt werden in dem Bau unseres Freundeskreises, in dem Bau unserer E H E mit dem Feuerwehrwesen. „Gott zur Ehr, dem Nächsten zur Wehr" gelobten wir!

Vielen von uns ist wichtig auch vor Gott „danke" zu sagen. Christus ist der Eck-Stein, der alle Steine halten kann, gleich wie wir uns fühlen. Von ihm lasst euch halten, von ihm lasst euch tragen in guten und in nicht so guten Zeiten. Lieber LFR Toni Kerschbaumer, so nimm diesen Stein stellvertretend als Andenken mit zur Erinnerung und zum Ansporn, dass wir gefordert sind als lebendige Steine immer mehr auch zu einem geistigen Haus in Liebe zum Nächsten zu sein. Damit es im Alltag nicht vergessen wird, geb ich noch ein Kreuz für euer Florianistüberl dazu.

Feuerwehrhauseröffnung-Segnung Teesdorf. 30. März 2014 (4. Fastensonntag A)

EIN NEUES HAUS

Wir sind zusammengekommen, weil wir miteinander heilige Messe, Eucharistie, Danksagung feiern. Mitten in der Fastenzeit tun wir das ganz klassisch am Sonntag Laetare; Laetare, freue dich Jerusalem! Worüber freuen wir uns heute? Natürlich über den gelungenen Bau des neuen FF-Hauses und was dazu gehört. Aber, worüber freuen Sie sich heute ganz persönlich?

Wenn wir an das Evangelium denken, mit dem Bild daraus gesprochen, freute sich auch der blind geborene Bettler, der – auf einmal – sehen kann, dem Heilung wiederfahren ist. Wer freut sich nicht, wenn er g'sund g'macht wird?
Es brennt mir förmlich auf der Zunge zu sagen: Und die mit den Augen klar sehen können, unter denen gibt es immer Personen, die blind sind, die nicht wirklich sehen können, worauf es ankommt ...
Wir beschäftigen uns so gern mit dem anderen und was ist mit uns selbst? Wenn wir ehrlich zu uns selbst sind, dann merken wir auch, dass auch wir vergiften. Im Leben miteinander, in Gemeinschaften, wird es immer wichtig sein, aufeinander wohlwollend zu achten.

Ich hörte einmal, dass, ein Nachbar zu dem Philosophen Sokrates kam und zu ihm sagte: „Ich will dir was erzählen ..."
Sokrates fragte: „Hast du, was du mir erzählen willst, auch durch ein dreifaches Sieb gelassen?"
► Ist es notwendig, was du mir erzählen willst – notwendig ist es nicht.
► Ist es auch wahr, was du mir zu sagen hast –
ob es wahr ist, weiß ich nicht, ich hab's ja nur gehört.
► Ist es gut, was du da vorbringen möchtest? – Na gut ist es nicht gerade.
„Dann behalts für dich!"

Werde ich dieser Versuchung wiederstehen können?

Es ist mir heute, an eurem Festtag, ganz wichtig, an die Bevölkerung, an die Mannschaft, an die politischen Entscheidungsträger in Teesdorf und darüber hinaus zu appellieren, eure Aussagen zu sieben, immer öfter achtsam mit Worten umzugehen und ihr ALLE werdet merken und dann sehen, dass dies zum Wohle des Gemeinsamen ist.

Wenn es gelingt, dann ist euer Haus besonders gut gebaut worden in einem größeren Sinn.

Damit wir schon zu Ostern die Liebe unseres Herrn befreiend erfahren können, bitten wir:

Deine Liebe für mich, o Gott, ist wie die Tiefe eines Brunnens.
Wie der Brunnen sich wieder füllt durch immer neues Fließen,
und jedes Fließen ihn voll sein lässt,
so werde auch ich gefüllt.

Durch Erinnerungen der Liebe,
durch gemeinsame Feste,
durch Visionen und Träume.

Wie ein Brunnen wiederklingt in seiner Tiefe,
so klingt auch in mir deine Liebe.

In der Güte des Freundes,
in dem Blick eines vertrauten Menschen,
(in der Stärke einer Freundin).